픽셀 아트 실력을 올려주는

픽셀 아트 마스터 컬렉션
PIXELART MASTER COLLECTIONS

니치보출판사 편집 | 송지연 옮김

KB218848

예제 파일 다운로드

이 책을 구입해주셔서 감사합니다. 예제 코드 다운로드 방법 및 문의 방법에 대해 다음 사항을 참고해주시기 바랍니다.

부록 데이터 다운로드 사이트

㈜AK커뮤니케이션즈의 홈페이지 자료실에서 완성 예제 코드 파일을 다운로드할 수 있습니다. 부록 데이터는 허가 없이 배포하거나 웹 사이트에 게재할 수 없습니다.

http://www.amusementkorea.co.kr/

원서의 부록 데이터 다운로드 사이트

독자가 사용하는 하드웨어 및 소프트웨어 환경에 따라 다운로드 샘플을 사용하지 못할 수 있습니다. 또한 책의 설명과 기능 또는 동작이 다를 수 있으므로 양해 바랍니다.

http://nichibou.co.jp/works/3d/pixelsample.zip

출판사 홈페이지 문의

㈜AK커뮤니케이션즈 홈페이지의 [고객센터]에서 1:1 문의를 이용해 주세요. 질문 내용에 따라서는 답변을 드리기까지 며칠 이상 기간이 요구되는 경우가 있습니다.

http://www.amusementkorea.co.kr/

○ 원서에 기재된 정보는 2022년 8월 10일 시점의 정보입니다.

○ 한국어판 본문에서는 최신 버전 정보를 기준으로 정리했습니다. 각 소프트웨어의 버전 정보에 대해서는 P15를 참조해주십시오.

○ 이 책에 기재된 URL 등은 예고 없이 변경될 수 있습니다.

○ 이 책의 내용에 대해서는 정확하게 기술하고자 노력했으나, 저자 및 ㈜AK커뮤니케이션즈는 내용에 대한 어떠한 보증을 하지 않으며, 내용이나 예제에 의거한 어떠한 운용 결과에 관해서도 일체의 책임을 지지 않습니다.

○ 이 책에 기재된 회사명, 제품명은 모두 각 회사의 상표 및 등록 상표이며, 본문 중에는 ™, ®, © 마크 등을 생략했습니다.

○ 표지 및 본문에 글꼴(폰트)로 도스이야기체(leedheo 제작)를 사용하였습니다.

들어가며

'픽셀 아트'란 화면 상의 픽셀(화소)을 사용해 구성한 아트 폼 (art form)을 말합니다. 일본에서는 보통 '픽셀 아트'라고 하지만, 해외에서는 '픽셀 아트(Pixel Art)'라고 불립니다. 디스플레이에 표시되는 디지털 형식인만큼, 픽셀 아트라고는 하지만 일반적으로는 꺼칠꺼칠한 점이나 선에 의한 도트를 강조한 표현을 지칭하는 경우가 많습니다. 1980~90년대에 발전해 온 비디오 게임에서는 화면의 해상도나 표현할 수 있는 색의 한계가 있었기 때문에, 그 한계 속에서 어떻게 표현할 것인가를 고민하며 발전해 온 측면이 있습니다. 하지만 현대에서는 디스플레이의 해상도와 하드웨어/소프트웨어의 발전에 따라 그러한 제약이 거의 사라졌습니다. 일부러 복고풍 표현, 옛날 게임 그대로의 분위기로 픽셀 아트를 사용하는 경우가 많아졌습니다. 하지만 이러한 픽셀 아트 표현이 옛 것을 경험하지 못한 젊은 세대에게도 받아들여지고 있는 것도 사실입니다. 픽셀 아트의 스타일을 신선하게 느끼기도 하지만, 간결하면서도 규칙성이 느껴지는 아름다움 등이 받아들여지고 있는 게 아닐까 싶습니다.

SNS 등을 검색해보면 전세계 사람들이 새로운 픽셀 아트를 매일같이 올리고 있습니다. 이러한 픽셀 아트를 보면 향수를 불러 일으킬 뿐만 아니라, 픽셀 아트를 현대의 독특한 예술 형식으로 표현하는 사례도 눈에 띕니다. 심플하게 정보를 정리해 표현하는 미학은 복고적인 접근을 넘어선 것으로 자리 잡았음을 알 수 있습니다. 또한 기법이나 테크닉의 변형도 다양하여 픽셀 아트의 다양성에 놀라움을 금치 못합니다. 이러한 관점에서 이 책에 실린 작가의 작품 스타일이나 변주의 풍요로움을 느끼며 참고해 보시기 바랍니다.

마지막으로 이 책을 만드는 데 협조해 주신 모든 분께 감사 말씀을 올립니다.

CONTENTS

INTRODUCTION

CHAPTER

1 픽셀 아트 | 초급편

PART 1   해설 | ZiMA

EDGE로
픽셀 아트의 기초를 배우자

PART 2   해설 | 나나미 유키

dotpict로 인물과 배경이 있는
픽셀 아트를 완성하자

2 픽셀 아트 | 중급편

CHAPTER

 3 픽셀 아트 | 고급편

PART 1 해설 | Zennyan

포토샵으로 오브젝트 소재를 조합한 산수화풍 픽셀 아트 만들기

PART 2 해설 | m7kenji

포토샵으로 레트로 게임 스타일의 픽셀 아트 애니메이션을 만들어 보자

작품집 | **Zima**

URL https://www.pixiv.net/users/3543651
X   @pixel_zima

초급편

PART 1

→ P024

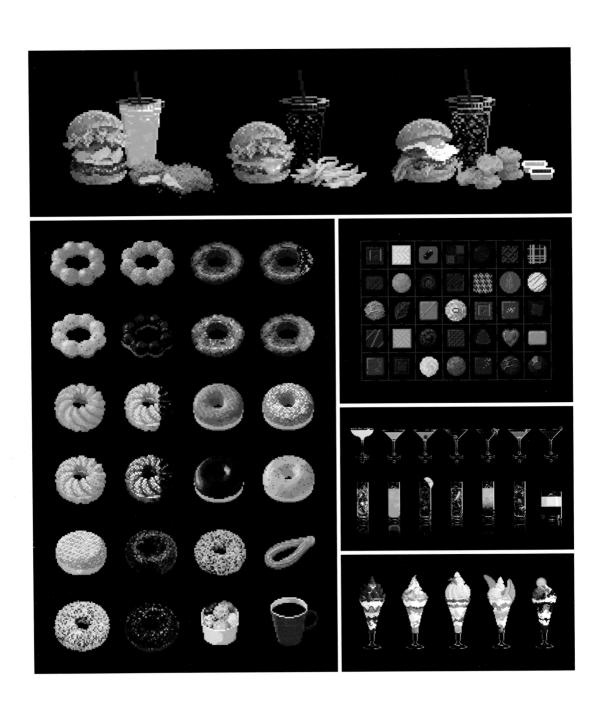

PROFILE

음식과 음료에 초점을 맞춘 픽셀 아티스트로, 주로 X에 작품을 발표하고 있다. 사실적이면서도 픽셀 아트로서 1픽셀이 살아 있는 해상도를 추구하며 온갖 '맛있어 보이는 것'을 묘사한다. 터지는 탄산, 흘러내리는 육즙, 바삭 바삭한 튀김 옷, 녹아내린 치즈 등… 특히 투명함과 시즐 (sizzle)감 표현이 눈길을 끈다. 공복 시 열람 주의.

작품집 │ **나나미 유키**

URL   https://yuki77mi.amebaownd.com
X   @yuki77mi

초급편
PART 2
→ P046

PROFILE

Dotpict 시작을 계기로 픽셀 아트 세계에 입문했다. 주로 소녀와 풍경을 그리며, 일상을 잘라낸 듯한 어딘지 모르게 아련한 분위기가 느껴지는 작품이 특기. 루프 애니메이션을 이용한 뮤직 비디오 등 영상 작품도 다수 제작.
기업과 콜라보레이션한 의류 상품이나 굿즈 판매도 하고 있다.

작품집 | **asaha**

URL https://www.youtube.com/c/asaha
X @vpandav

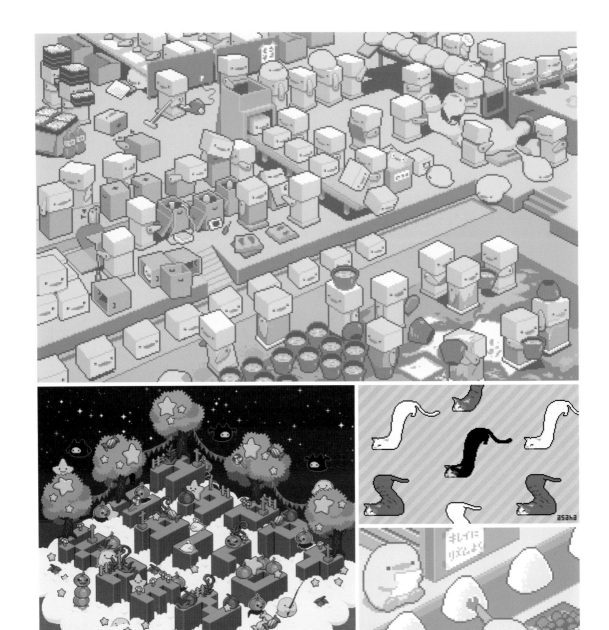

PROFILE

2007년쯤부터 데코 메일✦ 등 휴대폰용 GIF 콘텐츠를 위한 픽셀 아트를 제작. 2020년부터 회전초밥군·멘멘 멘다코독코이쇼 등 픽셀 아트에 노래나 음성을 입힌 영상 작품을 전개. 귀엽고 동글동글하고 무언가 열심히 하는 캐 릭터를 자주 그립니다.

✦ 휴대 전화 메일에 그림 문자나 애니메이션 파일 등을 첨부할 수 있는 서비스

작품집 | **아히루 히츠지**

URL https://taco-human8823.tumblr.com
X @ahiru_hitsuji

중급편

PART 2

→ P094

PROFILE

아히루 히츠지입니다. 평소에는 음악을 하고 있습니다. 처음 픽셀 아트를 그린 것은 <튀어나와요 동물의 숲>이었습니다. 그때는 나중에 본격적으로 픽셀 아트에 빠져들게 될 줄은 꿈에도 몰랐습니다.
이 책을 통해 저처럼 픽셀 아트에 빠져드는 사람이 있다면 정말 기쁠 것 같습니다.

작품집 │ **Zennyan**

URL　https://zennyan.wixsite.com/zennyan
X　@in_the_RGB

고급편

PART 1

→ P118

PROFILE

일본 전통 공예와 현대 미술을 공부한 후 컴퓨터 게임의 미학에 매료되어 픽셀 아트 제작을 시작. 일러스트레이터 로 활동하면서 아티스트로서
도 픽셀 아트의 새로운 표현을 모색하고 있다.
아트, 디자인, 엔터테인먼트 영역을 넘나들며 활동 중.

작품집 | **m7kenji**

URL https://m7kenji-works.tumblr.com
X @m7kenji

오른쪽 위 : anan(앙앙) 2022 /2/ 9 호 No. 2285 게재 [컬처를 느끼다, 게임 안내] 특집 속표지 그림
오른쪽 아래 : ©2021DMM pictures·Pie in the sky / Loopic

PROFILE

픽셀을 기반으로 그래픽, 영상, 앱을 제작하는 크리에이터. NHK 프로그램인 민나노우타에 발표된 야마모토 사야카(山本彩)의 <나는 장난감
(ぼくはおもちゃ)>, PAC–MAN MUSEUM+ 공식 이미지 PV 등, 최근에는 영상을 중심으로 한 클라이언트 작업을 담당.
HANDSUM inc. 소속

제작에 앞서 알아야 할
픽셀 아트의 기초

픽셀 아트는 특유의 표현을 위한 전용 툴이 많이 공개되어 있습니다.
이 책에서 다루는 툴에 대해 설명하겠습니다.

스크린상의 화소(픽셀)로 구성된 아트 폼

픽셀 아트는 화면에 표시되는 화소
(픽셀)로 구성된 표현 형식. 컴퓨터/
비디오 게임의 기능적 제약으로 저
해상도에 베리에이션이나 볼륨을
표현하기 위해 발전한 그리기 방식
이다. 현대에는 굳이 이 제약이 있는
포맷으로 표현하는 그래픽을 가리
킨다.

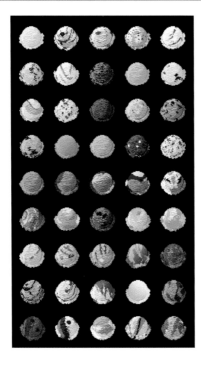
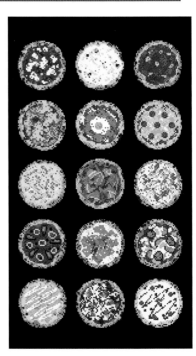

픽셀 아트를 제작할 수 있는 다양한 툴

픽셀 아트를 만들기 위한 툴은 초보자용~ 상급자용,
무료 사용~유료 사용까지 다양하게 출시되어 있습니
다. 이 책에서 소개하는 것은 그 중 일부입니다. 어떤
툴로 픽셀 아트를 만드냐에 따라 개성이 드러납니다.
환경에 맞는 것이나 사용하기 편한 것을 써봅시다.
다음 페이지부터는 이 책에서 사용하는 각 툴의 인터
페이스를 소개합니다. 포토샵에 관해서는 도트 아트
제작에 특화된 툴이 아니기 때문에 여기서는 소개를
생략합니다.

제작 환경에 맞는 툴을 선택하기

Windows에서 픽셀 아트 제작하기

고기능 픽셀 아트 에디터 EDGE

사용 버전 Ver.1.29b **대응 OS** Windows

Windows에서 사용할 수 있는 고기능 픽셀 아트 툴이 EDGE입니다. 사용자 수가 많아 초보자부터 상급자까지 폭넓게 사용할 수 있습니다. 필요한 기능은 모두 갖추고 있어 Windows 사용자로 처음 픽셀 아트를 그리는 분에게 추천합니다. 무료로 사용할 수 있지만 더 많은 기능을 갖춘 EDGE2도 출시되어 있습니다.

> **EDGE**
> 를 사용한 해설은 **P 024**부터.

❖ 해당 프로그램은 일본어 버전만 있는 관계로 부득이하게 일본어판 이미지로
  게재하며, 대신 각 메뉴의 한글 설명이 추가됨을 양해 부탁드립니다.

스마트폰이나 태블릿으로 픽셀 아트 제작하기

dotpict

사용 버전 Ver.22.6.6 **대응 OS** iOS/Android OS

Windows나 Mac뿐만 아니라 UbuntuOS까지 지원하는 픽셀 아트 툴입니다. 해외에서 만든 소프트웨어이기 때문에 공식적으로는 한국어가 지원되지 않지만, 뜻있는 분이 만든 한국어 패치를 적용할 수 있습니다. 또한 무료로 이용할 수 있는 위의 2가지 툴에 비해 유료 소프트웨어입니다. 기능이 뛰어나지만 그만큼 중, 상급자를 대상으로 합니다.

> **dotpict**
> 를 사용한 해설은 **P 046**부터.

특정 환경에 제한되지 않는 제작 방식

Aseprite로 픽셀 아트 제작하기

Aseprite

사용 버전 Ver.1.3.9.1 **대응 OS** Windows/Mac/Ubuntu

Windows나 Mac 뿐만 아니라 UbuntuOS까지 지원하는 픽셀 아트 툴입니다. 해외에서 만든 소프트웨어이기 때문에 공식적으로는 한국어가 지원되지 않지만, 뜻있는 분이 만든 한국어 패치를 적용할 수 있습니다. 또한 무료로 이용할 수 있는 위의 2가지 툴과는 달리 유료 소프트웨어입니다. 기능이 뛰어나지만 그만큼 중, 상급자를 대상으로 합니다.

> **Aseprite**
> 를 사용한 해설은 **P 066**부터.

포토샵으로 픽셀 아트 제작하기

포토샵

사용 버전 Ver.26.6 **대응 OS** Windows/Mac

픽셀 아트는 꼭 픽셀 아트 작성에 특화된 툴이 있어야만 만들 수 있는 것은 아닙니다. 조금만 노력하면 페인트 소프트웨어나 영상 제작 소프트웨어로도 가능합니다. 난이도는 높아지지만, 자신만의 오리지널리티가 있는 작품을 만들 수 있을 것입니다. 이 책에서는 포토샵을 사용한 방법을 예로 들어 소개합니다.

> **포토샵**
> 을 사용한 해설은 **P 118**부터.

Windows 픽셀 아트 에디터 EDGE 사용법

EDGE는 Windows용 소프트웨어로 오랜 역사와 많은 사용자를 보유하고 있는 수준 높은 기능을 제공하는 픽셀 아트 제작 툴입니다.

➡ 초보자부터 상급자까지 Windows 사용자가 선호하는 제품입니다

고기능 픽셀 아트 에디터 EDGE

대응 OS　Windows
제작사　Takabo Soft
URL　https://takabosoft.com/edge

EDGE는 제작사 사이트에서 다운로드할 수 있습니다. 상단 툴 바에는 다양한 기능이 탑재되어 있습니다. 아이콘에 커서를 갖다 대면 팝업으로 기능의 명칭이 표시되므로 처음 조작할 때 확인하는 것이 좋습니다.

캔버스 새로 만들기

소프트웨어를 실행한 시점에는 아무 것도 표시되지 않습니다. 작품을 새로 만들 때는 [파일(F)] → [새로 만들기(N)]에서 캔버스 크기를 설정합니다.

컬러 팔레트 표시

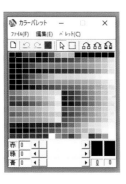

EDGE에서는 256색 컬러 팔레트로 그림을 그릴 수 있습니다.

애니메이션 프레임 표시

여러 그림을 조합하여 GIF 애니메이션으로 내보내기도 가능합니다.

→ EDGE 인터페이스

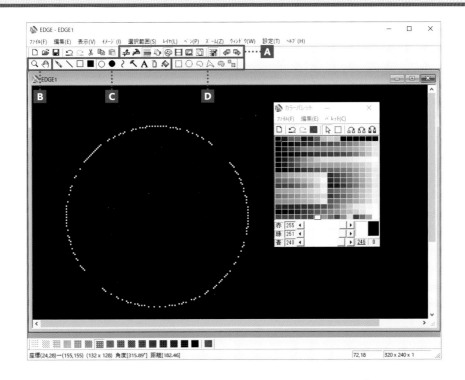

A 표시에 관한 툴

컬러 팔레트, 애니메이션 플레이, 레이어 관리창 등의 기능을 호출하는 항목이 정리되어 있습니다.

B 캔버스 조작에 관한 툴바

보기 아이콘에서는 확대 및 축소, 손 아이콘에서는 스크롤을 할 수 있습니다. 캔버스 확대나 이동을 여기에서 수행합니다.

C 그리기에 관한 툴바

자유롭게 그리기, 선 그리기, 도형 그리기, 채우기 등 그리기 방법을 선택하여 캔버스에 그릴 수 있습니다.

D 선택에 관한 툴바

그린 부분을 사각형 또는 자유 영역으로 선택하거나 같은 색상 범위를 선택하는 등 편집할 수 있습니다.

옵션 툴바

위의 B, C 툴바와 캔버스 사이에 나타나는 것이 옵션 툴바입니다. 내용은 툴바에서 선택한 항목에 따라 달라집니다.

스마트폰용 픽셀 아트 앱
dotpict 사용법

dotpict는 스마트폰이나 태블릿으로 간편하게 사용할 수 있는 도트 그림 제작 툴입니다. PC가 없어도 누구나 쉽게 시작할 수 있습니다.

커뮤니티 기능까지 갖춘 픽셀 아트 툴

dotpict

대응 OS	iOS/Android OS
제작사	도트픽토 합동회사
URL	https://dotpict.net/

dotpict는 회원가입을 하고 사용하는 앱입니다. SNS의 기능도 있어 다른 사용자들과도 소통할 수 있습니다. 스마트폰이나 태블릿에서도 그림을 그릴 수 있도록 인터페이스도 잘 되어 있습니다.

최초 실행 시 사용자 등록 필요

처음 시작할 때 닉네임을 등록하여 사용자 등록을 합니다. 홈 화면에서는 다른 사용자가 만든 작품을 볼 수 있습니다. 오른쪽 페이지에 소개된 캔버스 화면은 화면의 연필 아이콘을 눌러보세요.

사용자끼리 각자 만든 팔레트를 공유 가능

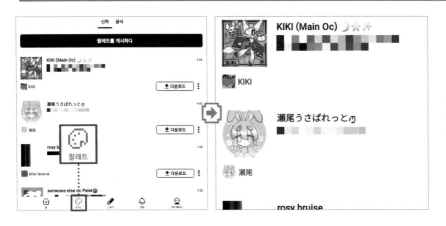

팔레트 아이콘에서 다른 사용자가 만든 팔레트를 공유하여 자신의 작품에도 사용할 수 있습니다. 색상 만들기에 참고하면 좋습니다.

➡ dotpict 인터페이스

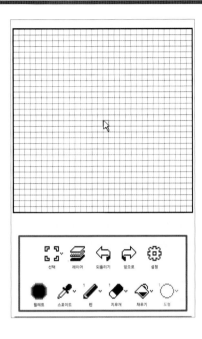

선택

 사각형으로 선택 부분을 자르거나 복사하는 편집을 할 수 있습니다.

레이어

 캔버스 이동, 반전 등의 조작을 할 수 있습니다. 크기 변경도 여기에서 할 수 있습니다.

되돌리기/앞으로

 작업을 잘못한 경우 이전 단계로 되돌아가거나 진행할 수 있습니다.

설정

 고급 사용자를 위한 설정 항목을 불러올 수 있습니다. 작품의 저장과 게시도 여기에서 할 수 있습니다.

팔레트

 색상 선택이나 색상에 관한 편집을 할 수 있습니다. 다운로드한 팔레트도 여기에서 불러올 수 있습니다.

스포이드

 캔버스 위의 색을 스포이트로 추출하여 다 른 부분에 사용할 수 있습니다.

지우개

 잘못 그린 부분은 지우개 기능으로 지울 수 있으며, 두 번 탭하면 픽셀 크기 설정도 가능합니다.

펜

 그림을 그릴 때는 주로 펜 툴을 사용하며 두 번 탭하면 픽셀 크기 등을 설정할 수 있습니다.

채우기

 페인트 도구처럼 같은 색으로 칠해진 범위를 다른 색으로 채울 수 있습니다.

도형

 직선, 원, 사각형 등 도형을 불러와 캔버스 위에 배치할 수 있습니다.

Windows/Mac에 대응한
Aseprite 사용법

Aseprite는 Windows, Mac 뿐만 아니라 Ubuntu 등에도 설치 가능한 환경을 가리지 않는 툴입니다.

본격적인 픽셀 아트 애니메이션도 제작 가능

Aseprite

대응 OS	Windows/Mac/Ubuntu
제작사	Igara Studio S.A.
URL	https://www.aseprite.org/

Aseprite는 고기능의 픽셀 아트 제작툴입니다. 유료 소프트웨어 (19. 99달러)라는 점과 해외에서 만든 소프트웨어이기 때문에 문턱이 조금 높지만, 애니메이션 제작 기능이 풍부합니다. 한글화하면 편리하므로 아래에서 그 방법을 설명합니다.

❖ 현재 구할 수 있는 ImBada님의 한글화 파일은 폰트 크기 등이 최적화되어 있지 않습니다. 한글화 적용시 이 점을 감안해 주십시오.

해외에서 만든 소프트웨어이므로 한글화 필요

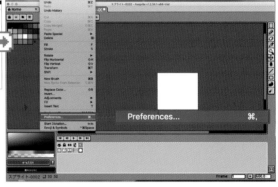

URL https://wikiwiki.jp/aseprite/

인터페이스가 영어로 되어 있지만 뜻 있는 분(ImBada)이 작성한 한글화 파일을 적용할 수 있습니다. 파일을 입수하면 메뉴의 [Edit] → [Preferences]를 선택합니다.

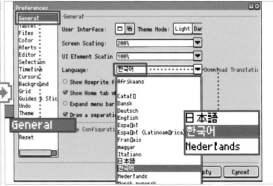

[Preferences]의 [Extensions] → [Add Extension]에서 한글용 파일을 지정한 다음 [Enable] → [OK]를 누릅니다. 이어서 [General] 항목에서 [Language] → [한국어]를 선택하고 [OK]하면 인터페이스가 한글화됩니다.

Aseprite 인터페이스

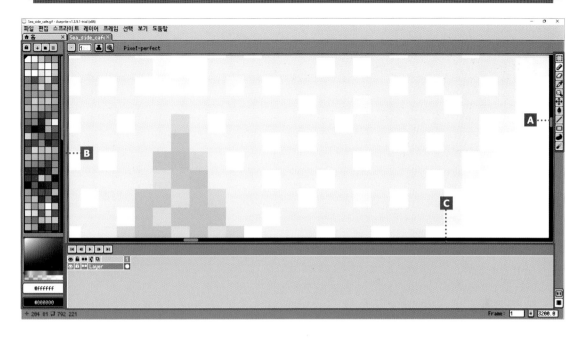

A 툴바

 사각형 선택 도구

 연필 도구

 지우개 도구

 스포이드 도구

 돋보기 도구

 이동 도구

 페인트 통 도구

 직선 도구

 작사각형 도구

선따라 채우기 도구

흐림 도구

B 컬러 팔레트

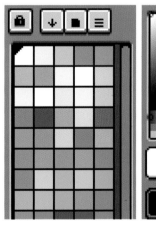

컬러 팔레트는 하단 항목에서 커스터마이징 하여 색상을 추가할 수 있습니다.

C 레이어&키 프레임

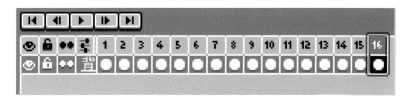

애니메이션을 만들려면 프레임을 추가하여, 변화를 준 동작 파일을 등록합니다.

1

픽셀 아트
초급편

이 장에서는 EDGE와 dotpict라는 비교적 간단한 툴을 사용하여 기본적인 것
부터 살펴보겠습니다. 선을 그리는 방법, 색상을 만드는 방법 등이 픽셀 아트
를 만드는 기본이 됩니다. Windows 사용자라면 간단하면서도 기능도 겸비
한 EDGE를 추천합니다. 어디서든 간편하게 픽셀 아트를 만들어 보고 싶은 분
은 스마트폰이나 태블릿에 대응한 dotpict를 사용해 봅시다.

EDGE로 픽셀 아트 제작의 기초를 배우자

고기능 픽셀 아트 에디터 EDGE는 Windows용 픽셀 아트 제작 툴입니다. 무료로 사용할 수 있으며 Windows 사용자라면 우선 이 소프트웨어 사용을 추천합니다.

해설	ZiMA
사용 툴 X	EDGE @pixel_zima

픽셀 아트의 매력은

모든 것이 그리드에 따른 규칙성에 의한 아름다움, 저해상도이기에 상상력으로 다양한 해석이 가능한 '보는 매력'. 이미지를 점 하나하나에 담아내는 심오함이 있는 '그리는 매력'. 전통적인 기법부터 현재만의 새로운 기법까지 매우 다양한 표현의 가능성이 있습니다. 자신이 좋아하는 픽셀 아트를 추구해 나가는 것도 큰 매력이 아닐까요?

이번 작품에 대해

기초로서 일반적인 일러스트와는 다른 픽셀 아트만의 지식을 소개합니다. 실습에서는 초밥을 만듭니다. 초밥과 밥, 이 두 가지 재료 오브젝트만으로 구성되어 있어 만들기 쉽고, 색의 차이로 어떤 초밥인지 쉽게 구분할 수 있는 모티브입니다. 맛있는 초밥을 만든다는 생각으로 만들어 보세요.

STEP 01   픽셀 아트 기본 배우기

픽셀 아트는 도트의 집합체이며 같은 크기의 사각형이 격자(칸)를 따라 늘어선 이미지입니다. 픽셀 아트를 그릴 때 이 사각형을 어떻게 효과적으로 보이게 하는지에 대한 지식과 테크닉이 있으므로 먼저 이를 배워보도록 하겠습니다.

1 : 모양 잡는 법

픽셀 아트로 직선을 그릴 때 수평선과 수직선은 깔끔하게 그릴 수 있습니다. 그럼 비스듬한 직선을 그려 봅시다. 오른쪽 그림은 직선 도구로 그린 선입니다. 수평 수직과 45도 이외의 선은 삐뚤빼뚤하게 보입니다.

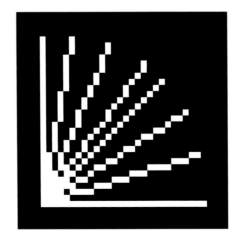

반면 이 그림은 깔끔한 직선으로 보입니다.

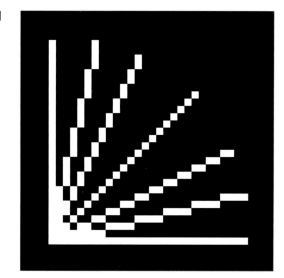

도트의 배열을 보면 녹색 선은 2, 2, 2, 2…, 빨간색 선은 4, 4, 4, 4…로 같은 수의 도트가 연속으로 구성되어 있습니다. 이렇게 규칙적으로 도트를 배치하면 깔끔한 직선을 표현할 수 있습니다.

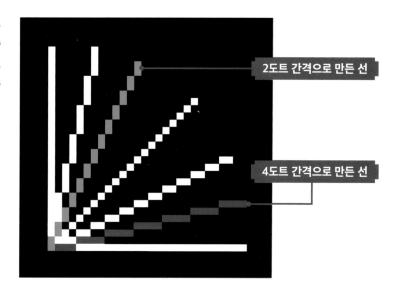

2도트 간격으로 만든 선

4도트 간격으로 만든 선

하지만 그것만으로는 도저히 표현할 수 없는 비스듬한 직선이 나오기도 합니다. 이럴 때는 오른쪽 파란색 선처럼 1, 2, 1, 2… 또는 노란색 선의 3, 2, 2, 3, 2, 2…와 같이 규칙성을 만들면, 픽셀 아트에서는 그리기 어려운 각도라도 응용으로 깔끔한 직선을 그릴 수 있습니다. 도저히 예쁘게 표현할 수 없는 선의 경우에는 나중에 다룰 앤티앨리어싱을 사용하는 것도 한 방법입니다.

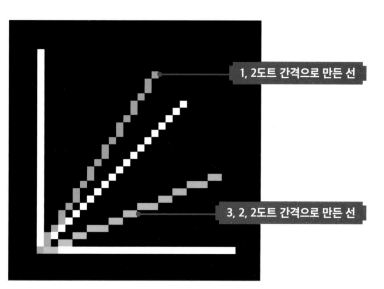

1, 2도트 간격으로 만든 선

3, 2, 2도트 간격으로 만든 선

2 깔끔한 원

'규칙성'은 곡선에도 적용할 수 있습니다.
오른쪽 그림을 자세히 보면 빨간색 곡선
부분이 3, 2, 1, 1, 1, 1, 2, 3으로 규칙적으
로 도트 개수가 증감하고 있습니다. 이처
럼 규칙성을 조합해서 다양한 모양을 표
현할 수 있습니다.

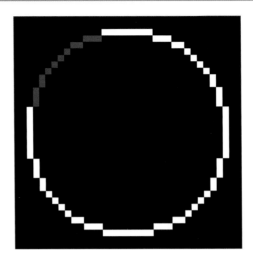

3 선을 가늘게 보이게 하는 기법

오른쪽 그림의 4개 선은 모두 1도트 폭의
선이지만, 왼쪽에 비해 오른쪽이 더 가늘
어 보이지 않나요? 선의 색상을 흰색에서
검은색으로, 즉 배경색에 가깝게 하면 선
이 가늘어 보이는 착시 현상을 이용한 기
법입니다.

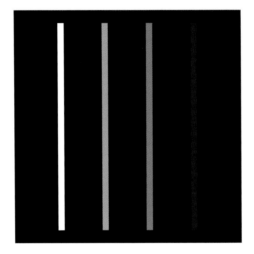

이처럼 더 이상 물리적으로 선을 얇게 만
들 수 없을 때 색 차이로 선을 가늘게 보
이도록 할 수 있습니다.

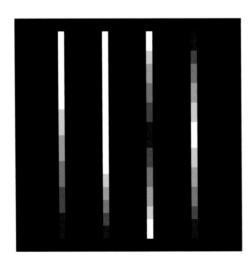

4 앤티앨리어싱

픽셀 아트를 그릴 때 개체 가장자리 주변의 도트 모서리가 들쭉날쭉하게 보이는 현상이 생기게 됩니다. 이를 눈에 띄지 않도록 '앤티앨리어싱'이라는 처리를 하는 경우가 있습니다. 오른쪽 그림의 계단처럼 보이는 부분에 배경과 그 중간색(이 경우 회색)을 넣어 매끄럽게 보이도록 하는 기법입니다. 앞에서 다룬 '선을 가늘게 보이게 하는 기법'에서 사용한 것과 비슷한 원리입니다.

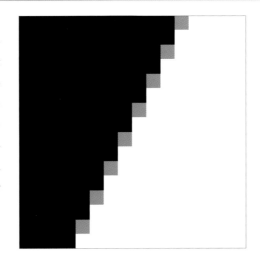

곡선 윤곽에 매우 효과적입니다.

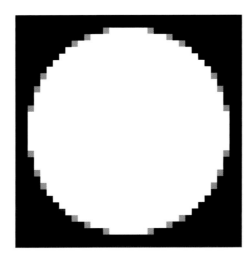

더 매끄럽게 만들고 싶다면 중간색을 하나 더 추가할 수도 있습니다(A). 하지만 과용은 금물이며 무분별하게 중간색을 넣으면 답답하고 지저분한 느낌을 줄 수 있습니다(B). 핵심인 원의 윤곽도 왜곡되어 버리므로 본말이 전도되지 않도록 주의해야 합니다. 어디까지나 목적은 모서리를 매끄럽게 하는 것입니다.

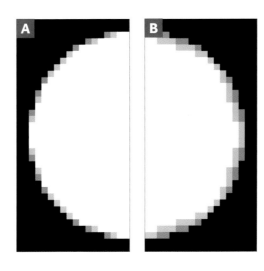

그리고자 하는 모티브나 크기, 표현 스타일에 따라 색상 수의 사용법은 다양합니다. 절대적인 정답은 없지만 의식해야 할 포인트는 다음과 같습니다.

1 : 색상 수를 억제한다

픽셀 아트는 한때 디지털 그래픽의 주류로 사용됐지만, 당시에는 게임이나 컴퓨터의 성능이 현재보다 높지 않았습니다. 따라서 하드웨어의 한계에 맞춰 픽셀 아트의 색상 수를 제한할 필요가 있었습니다. 지금은 그런 제약이 없지만 시인성❖과 디자인의 통일성을 위해 적당히 색상 수를 제한하여 '픽셀 아트다움', '픽셀 아트로서의 아름다움'을 표현하는 것이 포인트가 됩니다.

❖ 시인성: 대상물의 모양이나 색이 원거리에서도 식별이 쉬운 성질. 명도 차이가 클수록 높다.

16*16 픽셀의 사과를 예로 들어 보겠습니다. 위의 그림은 배경색을 포함해 16색입니다. 색상을 늘리면 그만큼 사실적인 표현에 가까워질 수 있지만, 픽셀 아트로서 불필요한 정보량이 많아져 흐릿한 인상을 줄 수 있습니다. 아래 그림은 배경색을 포함해 8색을 쓰고 있습니다. 꽤 깔끔한 느낌이 들지 않나요? '이 정도 크기라면 사과의 빨간색 부분은 3~4색 정도만 사용하자'라는 이미지를 스스로 생각해서 그리면 좋을 것 같습니다. 단, 사람마다 취향이 다를 수 있으니 색상 수를 더하거나 빼는 등 계속 시도해보면서 자신에게 가장 완전하다고 여겨지는 수를 찾아보기 바랍니다.

16색으로 표현

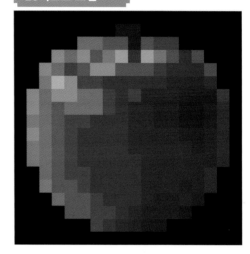

8색으로 표현

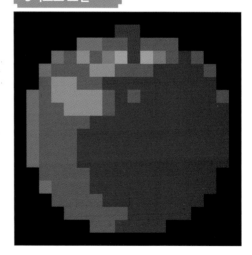

2 타일 패턴

하늘색과 파란색의 중간색을 표현하고 싶을 때 단순히 색상을 늘리는 방법도 있지만, 바둑판 무늬처럼 두 색상을 번갈아 배치해 색상 수를 비슷하게 늘릴 수 있습니다. '타일 패턴'이라고 불리는 이 기법은 픽셀 아트다운 표현이자 색상 수를 절약할 수 있는 기법입니다. 이는 '망사', '메쉬'라고도 합니다.

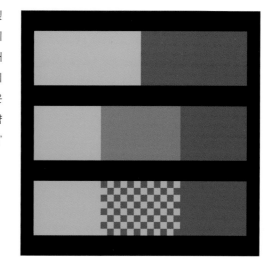

체크 무늬가 가장 기본적인 형태이지만, 그 외에도 몇 가지 전형적인 패턴이 있습니다. 오른쪽 그림과 같이 그 패턴들을 단계적으로 배열하면 두 가지 색상만으로도 부드러운 그라데이션을 표현할 수 있습니다.

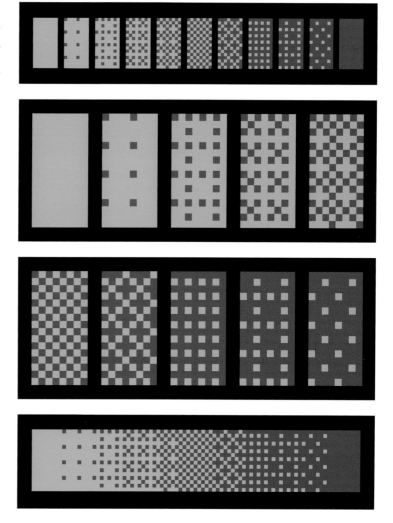

그리고 싶은 물건 준비하기

어떤 스타일로 픽셀 아트를 그릴지 미리 정해둡시다. 다음 두 가지가 스타일 차이를 크게 좌우하는 요소입니다.

1 크기 결정

픽셀 아트 크기는 자유롭게 설정할 수 있지만, 8*8, 16*16, 32*32, 64*64 픽셀 크기를 관습적으로 기본 크기로 많이 사용하고 있습니다.

원하는 크기로 그려도 상관없지만, 여기에서는 픽셀 아트 느낌이 나면서도 너무 크지 않고 그리기 편한 32*32 픽셀로 만들어 봅시다. 망설여진다면 우선 이 사이즈에 도전해 보기를 추천합니다. 오른쪽 그림은 왼쪽부터 16*16, 32*32, 64*64 픽셀입니다.

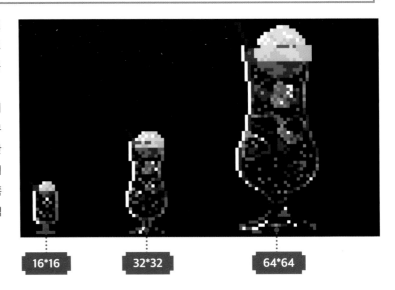

16*16   32*32   64*64

2 윤곽선 유무 결정

바깥쪽에 1 도트 선으로 윤곽선을 만들 수 있습니다. 주로 배경 등 주변과 명확하게 구분하기 위한 처리이지만, 이 역시 원하는 것을 선택해도 무방합니다. 윤곽선 처리를 할 경우 정해진 크기 안에 윤곽선도 들어갈 수 있도록 주의해야 합니다. 이번에는 윤곽선 없이 만들어 보겠습니다.

윤곽선 없음   윤곽선 있음

STEP 04 실제로 EDGE 사용하기

사용하는 소프트웨어는 EDGE입니다. 무료 소프트웨어이면서 매우 사용하기 쉽고 도트 그림 전용 소프트 웨어로서 필요한 기능을 갖추고 있어, 초보자부터 상급자까지 폭넓게 사용할 수 있는 툴입니다.

1 캔버스 설정

EDGE를 실행하면 오른쪽 그림과 같은 화면이 열립니다. 먼저 왼쪽 상단의 [파일(F)] → [새로 만들기(N)]를 클릭합니다❶. 캔버스 크기를 설정하는 창❷이 열리면 이번에는 [가로 너비], [세로 너비]를 각각 32로 설정합니다. [컬러 팔레트]는 '모두 검정색', [배경색]은 '검정색'으로 설정해 주세요. [OK]를 클릭합니다.

파일(F)
새로 만들기(N)

가로 너비
세로 너비
컬러 팔레트
배경색

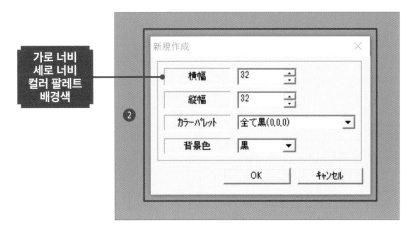

검은 창이 나타납니다❸. 이것이 도트를 그려 넣을 캔버스입니다. 이 상태로는 작업하기 어려우므로 캔버스를 확대합니다. [확대] 툴❹을 선택한 상태에서 왼쪽 클릭으로 확대, 오른쪽 클릭으로 축소할 수 있습니다.

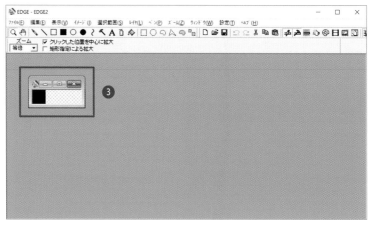

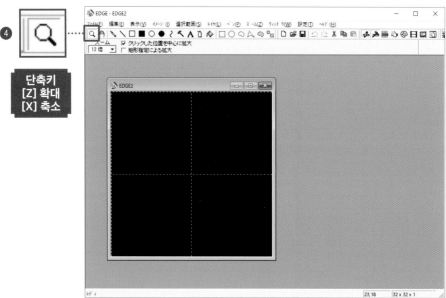

단축키
[Z] 확대
[X] 축소

캔버스에는 그리드(칸)가 있는데 지금은 배경이 검은색, 그리드 색도 검은색으로 되어 있으므로 구분할 수 있도록 그리드 색상을 변경합니다.
[설정(T)] → [설정(T)]을 클릭합니다❺.

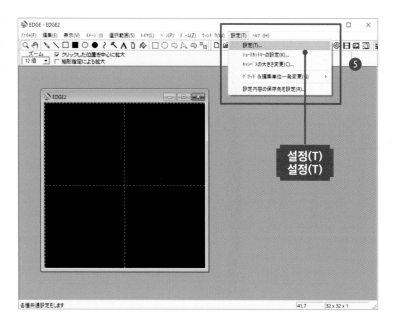

설정(T)
설정(T)

[그리드 색상]란의 [그리드(소)] 오른쪽에 있는 [...] 버튼을 클릭합니다❻. 여기에서는 짙은 회색 (R 80, G 80, B 80)으로 색상을 변경하지만, 보기 편한 색상이면 무엇이든 상관없습니다. [그리드(대) 간격]도 8로 변경합니다❼. 하지만 이것도 취향에 따라 변경할 수 있습니다. [OK]를 클릭합니다.

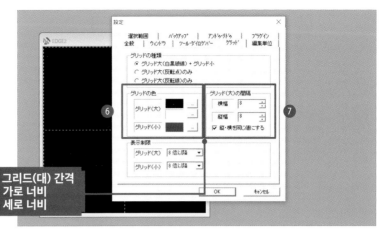

그리드 색상	그리드(대) 간격
그리드(대)	가로 너비
그리드(소)	세로 너비

이제 그리드가 짙은 회색으로 떠서 식별하기 쉬워졌습니다.

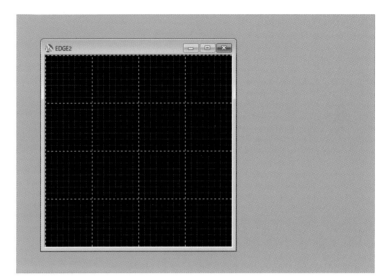

2 : 팔레트 설정

[보기(V)] → [컬러 팔레트(C)]를 클릭합니다. 표시되는 것이 컬러 팔레트 창입니다. 여기에서는 색상을 직접 만들어서 필요한 만큼 팔레트에 추가하는 방식으로 색상을 관리해 보겠습니다. 처음에는 모두 검은색으로 설정되어 있으며 그중 가장 왼쪽 상단의 검은색이 캔버스 배경색으로 설정되어 있습니다.

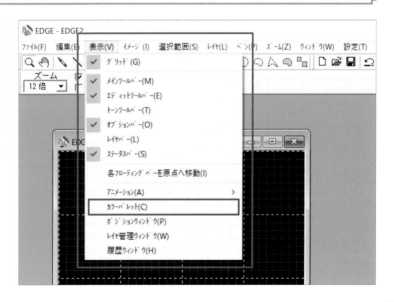

색상 변경은 컬러 팔레트 창의 **[흰색 화살표 마크]❶**을 클릭 → 왼쪽 상단의 검은색을 클릭 → **[RGB 슬라이더]❷**를 좌우로 움직이면 됩니다. RGB 칸에 각각 숫자를 직접 입력할수도 있습니다. 배경색은 그리려는 물체에 사용하지 않는 색으로 설정해 두세요. 여기에서는 초밥을 그릴 예정이지만 검은색은 사용하지 않을 예정이므로 배경색을 검은색으로 설정해 둡니다. 배경색은 언제든지 변경할 수 있습니다.

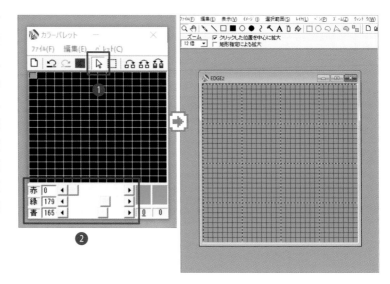

한 가지 더 유용한 기능을 표시해 둡니다. **[표시(V)]** → **[포지션 윈도우(P)]**를 클릭합니다. 지금 그리고 있는 캔버스를 미리 볼 수 있는 프리뷰 기능입니다. 작업할 때에는 캔버스를 몇 배로 확대해서 하기 때문에 이 창에서 그림을 원래 크기의 배율로 표시해두면 원래 크기로 어떻게 보이는지 항상 확인하면서 작업할 수 있습니다. 캔버스나 팔레트에 방해가 되지 않도록 위치를 조정해 놓습니다.

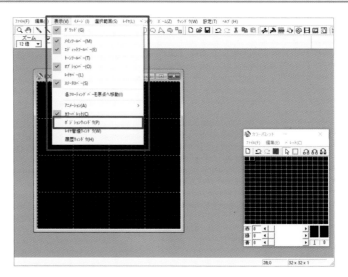

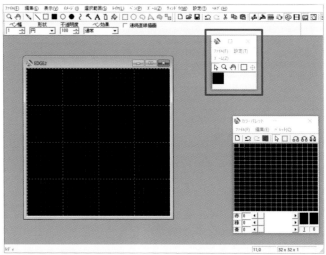

STEP 05 초밥 그려 보기

STEP01~STEP02의 기본을 생각하면서 실제로 픽셀 아트를 그려봅니다. 앞에서 정한대로 '32*32 픽셀', '윤곽선 없음'으로 제작합니다.
선을 점점 긋고 그리드에 도트를 찍는 감각에 익숙해져 봅시다.

1 각종 툴을 사용하여 그리기

드디어 초밥을 그릴 차례입니다. 먼저 초
밥을 잡습니다. 팔레트에 색상을 추가합
시다. 배경색 오른쪽 옆의 검은색을 클릭
하여 흰색으로 바꿉니다.

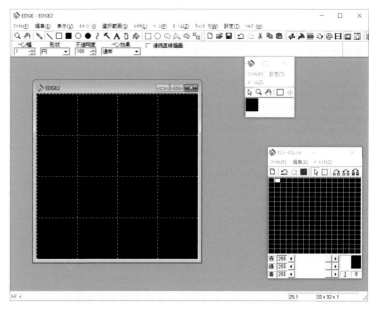

[자유곡선 그리기]①과 [직선 그리기]②
를 사용하여 모양을 만들어 갑니다. 이미
지대로 선을 그릴 수 있도록 계속 그려보
세요. 실수하면 [실행 취소]로 되돌릴 수
있습니다.

[Ctrl]+[Z] 키를 누르면 실행 취소와 같은
조작을 할 수 있습니다. 꽤 자주 사용하는
조작이므로 꼭 기억해 두세요.

단축키
[Ctrl] + [Z] 실행 취소

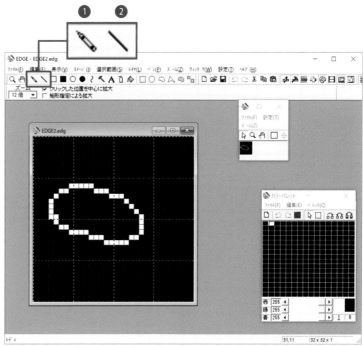

2 위치 조정

위치를 조정하고 싶으면 **[사각형 영역 선택]❶**을 사용합니다. 밥을 모두 드래그로 둘러싸고 드래그&드롭 또는 화살표 키로 이동시킵니다. 일단 가운데로 이동시켜 놓습니다. 이동이 끝나면 둘러싸고 있는 부분을 우클릭하여 **[선택 범위 해제]**로 해제해 둡니다.

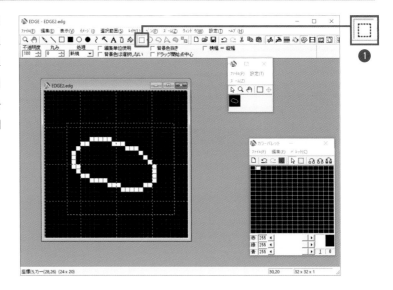

[동일색 범위 채우기]❷로 채웁니다.

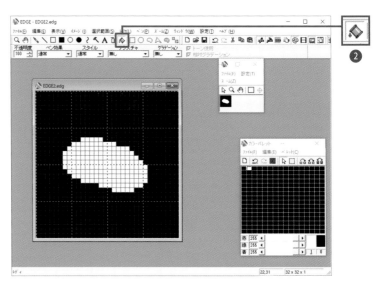

3 레이어 사용

참치 뱃살을 올려 봅시다. 나중에 편집하기 쉽도록 레이어를 분리해 둡니다(어려우면 레이어를 분리하지 않아도 됩니다). **[보기(V)] → [레이어 관리 윈도우(W)]**를 클릭합니다.

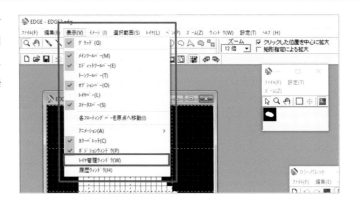

표시된 창에서 [레이어 새로 만들기]를 클릭하여 레이어를 추가합니다(여기에서는 noname001이라는 이름으로). 새 레이어가 선택된 상태, 즉 [noname001] 주변이 파란색으로 된 상태를 확인하고 참치뱃살을 그립니다.

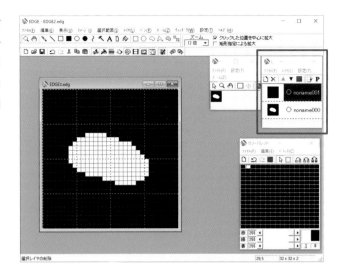

팔레트에 빨간색을 추가합니다. 살의 두께를 의식하고 밥 위에 올려진 모습이 위화감 없이 보이도록 모양과 위치를 생각해서 그리는 것이 좋습니다.

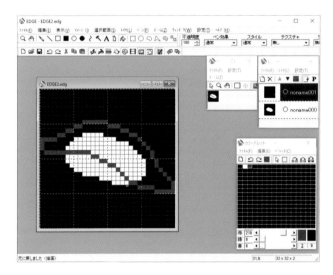

4 선 지우기

참치의 (왼쪽)모양을 조금 조정하고 싶은데 EDGE에는 지우개 툴 같은 것이 없습니다. 그린 도트는 '배경색으로 덮어쓰기'로 지웁니다. 배경색은 팔레트 맨 왼쪽 상단에 있습니다. 그 검정색을 클릭해 선택하고 수정할 부분을 위에서부터 따라가면서 덧그립니다. 참고로 캔버스 위에서 마우스 우클릭하면 스포이트가 됩니다. 커서 부분의 색상을 바로 선택할 수 있어 굳이 팔레트를 클릭하지 않아도 됩니다.

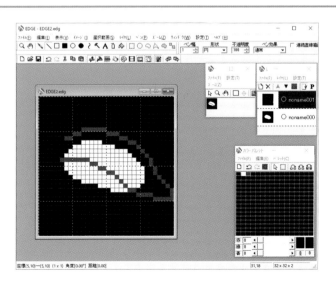

이제 초밥 전체 모양이 잡혔습니다. 나중에 모양을 크게 수정하는 것은 매우 힘들기 때문에 이 단계까지 모양 조정을 끝내는 것을 추천합니다. 생각했던 이미지대로 모양이 잘 잡혔나요? 초밥의 경우 초밥의 두께와 재료의 크기 균형, 재료가 위에 얹혀서 기울어지는 것, 이 부분이 포인트입니다. 포지션 윈도우도 잘 비교하면서 천천히 조정해 보세요.

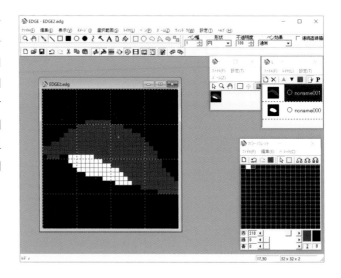

5 : 참치 뱃살 그려 넣기

여기서부터는 쭉쭉 더 그려나가면서 퀄리티를 높여갑니다. 한층 더 진한 빨강색을 추가하여 참치의 '두께'를 표현합니다.

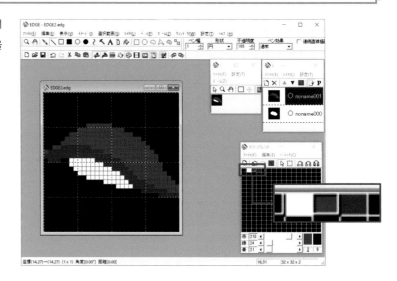

처음 골랐던 빨간색도 색감이 마음에 들지 않아 조금 조정합니다. 이미 칠한 색을 조정하고 싶을 때는 새로 색상을 만들어 덧그릴 필요가 없습니다. 오른쪽 그림은 알기 쉽도록 극단적으로 표현한 예입니다. '여기에서는 팔레트 왼쪽에서 세 번째 색상이 놓여있다'는 상황이므로 팔레트에서 세 번째 색상을 녹색으로 바꾸면 동시에 캔버스의 색도 녹색으로 바뀝니다.

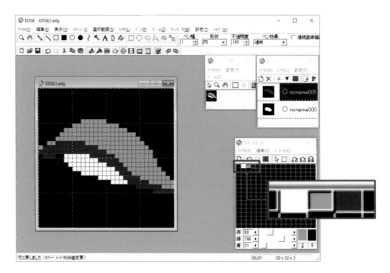

2가지 색상을 더 추가하여 생선회 줄무늬를 그립니다. 실제 초밥 사진을 보는 등 줄무늬가 어느 방향으로 들어가는지 잘 살펴보세요. 그림을 그릴 때 자료를 관찰하는 것은 매우 중요합니다.

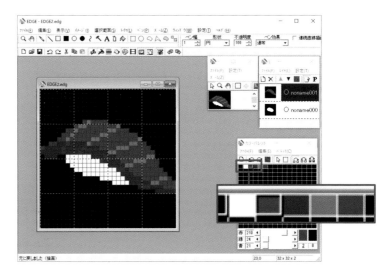

생선회에 빛이 닿는 부분은 밝은 빨간색을, 그늘이 지는 부분에는 어두운 빨간색을 넣습니다. 밝은 빨간색은 새로 만들었지만, 어두운 빨강은 아까 줄무늬에 사용했던 색을 재사용한 것입니다. 생선회의 면과 줄무늬는 별개의 부분이기 때문에 색을 구분하지 않으면 안 될 것 같지만, 비슷한 색감이 될 것 같을 때는 통일시키면 도트 그림 전체를 봤을 때 깔끔하고 예쁘게 보입니다.

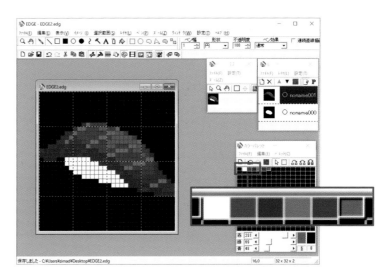

6 밥 그리기

밥 그려 넣기로 옮겨갑시다. STEP05-3에서 레이어를 분리한 경우 우선 밥을 그렸던 레이어를 선택하는 것을 잊지 말아야 합니다. [레이어 관리 윈도우]의 [noname000] 레이어❶를 클릭합니다. 가장 밝은 흰색(R 255, G 255, B 255)은 빛이 닿는 곳에 쓰고 싶으니 베이스 색을 조금 회색 빛이 도는 흰색❷으로 채웁니다.

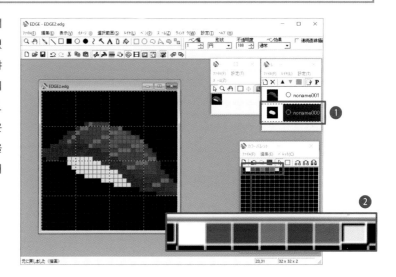

음영이 될 만한 곳에 짙은 회색을 추 가합니다. 밥알이 선명하게 느껴지도록 바둑판 무늬를 기본으로 하여 색을 배치합니다. 이 도트를 어떻게 배치하느냐가 질감에 큰 영향을 미치는 중요한 포인트입니다. 참치를 그릴 때처럼 잔뜩 칠하면 균일한 질감이나 매끈한 질감이 느껴지고, 바둑판 모양으로 칠하면 거친 질감이나 알갱이가 표현됩니다.

예: 연어알, 케이크의 스펀지, 새우 튀김의 튀김옷 등

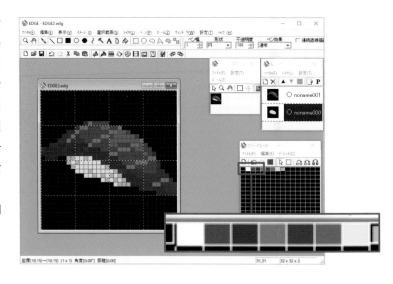

가장 밝은 흰색을 놓습니다. 밥을 1 도트만 깎아냅니다. 입자를 표현하기 위한 숨은 맛입니다. 단, 너무 많이 하면 윤곽이 무너질 수 있으니 주의하세요.

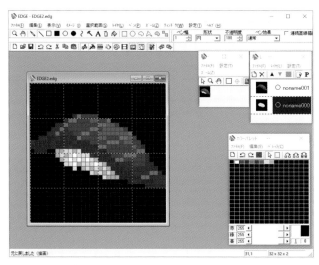

7 마무리

참치 뱃살로 돌아갑니다. 다시 보니 밝은 붉은색과 줄무늬의 색감이 너무 가깝고 흐릿하게 표현되어 조정합니다.

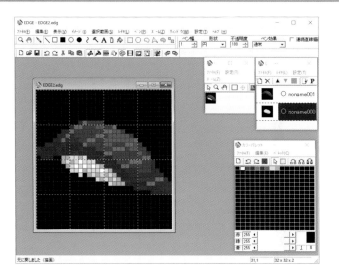

흰색으로 하이라이트를 넣습니다. 단숨에 맛있어 보이지 않나요? 음식은 이 싱그러움을 살릴 수 있으면 매우 매력적으로 보입니다. 포인트는 과감하게 밝은 색으로, 너무 많이 넣지 않는 것이 포인트입니다. 이것도 초밥 사진을 많이 비교해보고 맛있어 보이는 것은 어떤 하이라이트를 어떻게 넣었는지 잘 연구해 보세요.

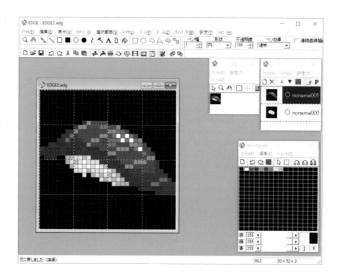

8 차이점 만들기

STEP 05-5에서 설명한 팔레트의 색상 변경 기능을 이용하면 완성된 그림의 색상 차이를 쉽게 만들 수 있습니다. 생선회 색을 주황색으로 조정하면 연어 초밥이 완성됩니다. 이렇게 모양은 같지만 색이 다른 것을 만들고 싶다면 처음부터 다시 만들지 않고도 손쉽게 다양한 종류를 많이 만들 수 있습니다. 참치 중간등살이나 도미 등도 똑같이 만들 수 있을 것 같네요.

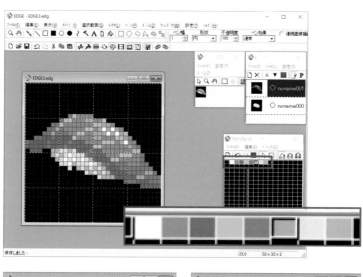

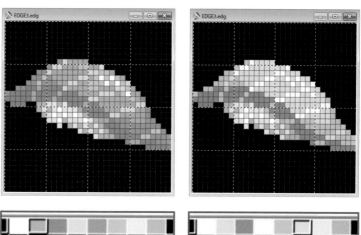

완성한 픽셀 아트를 이미지로 내보내어 저장해 봅시다. 내보내기 할 때 픽셀 아트 특유의 주의할 점이 있으므로 여기에서 설명하겠습니다.

1 데이터 저장하기

[파일(N)] → [다른 이름으로 저장(A)]을
클릭합니다.

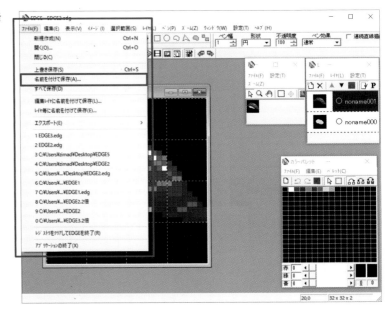

새로운 창이 뜨면 [저장할 위치]는 자신이
찾을 수 있는 임의의 위치에, [파일명(N)]
은 자신이 알아볼 수 있는 임의의 이름을
붙여주세요.

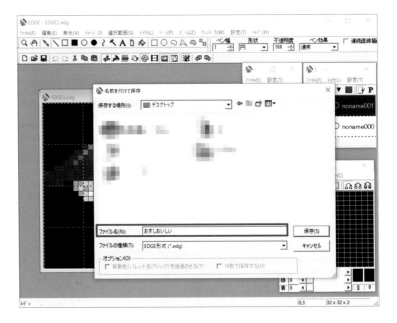

2 픽셀 아트 내보내기

EDGE 형식은 편집용이므로 이미지로 볼 수 있게 내보내기 합니다. 이전과 마찬가지로 이름을 지정하고 저장을 클릭합니다. [파일 종류(T)]를 이번에는 [PNG 형식(*.png)]을 선택합니다. [GIF 형식(*.gif)]으로 저장해도 상관없지만 특별한 이유가 없다면 PNG 형식으로 저장하는 것이 좋습니다.

주의

픽셀 아트는 JPEG 형식으로 저장하지 마세요. 픽셀 아트는 JPEG 형식과 궁합이 절망적일 정도로 좋지 않아, 화질이 나빠져서 힘들게 만든 픽셀 아트가 깨져버릴 수 있습니다. EDGE에서는 애초에 JPEG 형식으로 저장할 수 없지만, 픽셀 아트를 그릴 때 꼭 기억해 두면 좋을 것 같습니다.

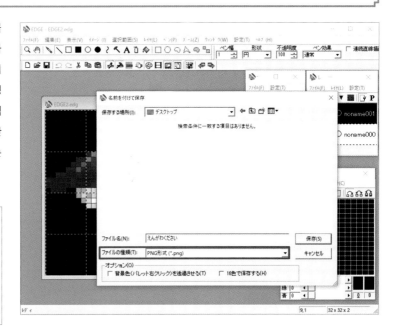

이대로 저장을 클릭하면 배경의 검은색이 주변에 붙은 채로 저장됩니다.

[옵션(O)]의 [배경색(팔레트 오른쪽 클릭) 투명하게 만들기(T)]에 체크합니다.

[저장(S)]을 클릭하면 확인창이 나옵니다. png 형식으로 저장하면 레이어 정보가 손실되어 버리지만 STEP06-1에서 EDGE 형식으로도 저장해두었기 때문에 **[PNG 형식(O)]**을 클릭해도 괜찮습니다.

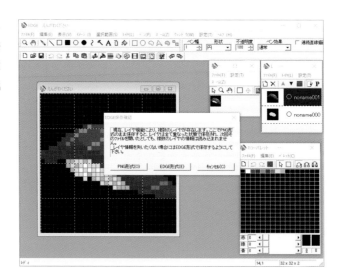

이것으로 저장 완료입니다.

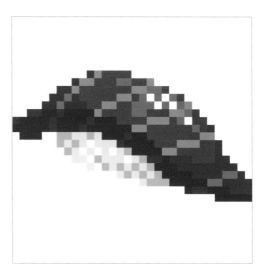

3 : 픽셀 아트 확대

픽셀 아트를 SNS에 올리거나 아이콘으로 설정할 경우 원본 크기 그대로는 너무 작아서 보이지 않거나 무리하게 늘려서 흐릿하게 표시되는 경우가 있습니다. 따라서 완성된 픽셀 아트를 몇 배로 확대한 상태로 내보내기 합니다(SNS에 따라 적정 크기는 다릅니다). 레이어가 여러 개일 경우 확대가 불가능하므로 STEP06-2에서 저장한 PNG 형식의 데이터를 열거나 **[레이어 관리 윈도우]**의 **[선택 레이어를 아래 레이어와 겹치기]**를 클릭하여 레이어를 하나로 묶어 놓으세요.

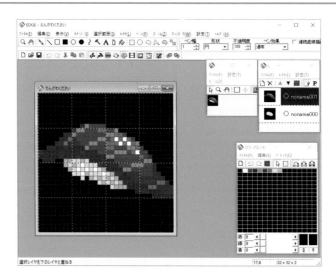

[이미지(I)] → [확대/축소(K)]를 클릭합니다.

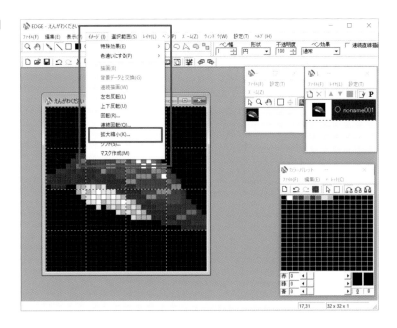

새 창이 뜨면 [배율 지정] 숫자를 2로 설정하면 2배, 4로 설정하면 4배로 확대됩니다. 여기에서는 8배로 설정하고 [OK]를 클릭합니다. 배율 지정은 반드시 정수를 입력해야 합니다. 아래 그림 중 왼쪽은 예시로 1.5배로 확대한 것인데, 도트의 비율이 어긋나게 됩니다. 확대한 후 STEP06-2와 마찬가지로 PNG 형식으로 내보내기 하면 완성입니다.

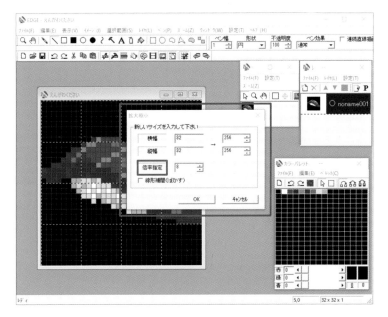

완성

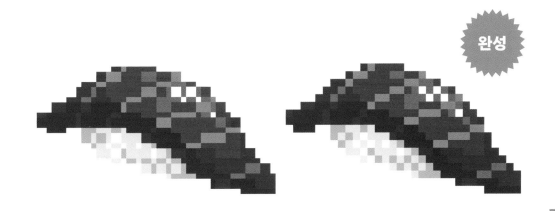

Dotpict로 인물과 배경이 있는 픽셀 아트를 완성하자

dotpict는 스마트폰이나 태블릿으로 그림을 그릴 수 있는 픽셀 아트 제작 앱으로, 화면 위를 터치하여 그림을 그리는 방식입니다. 기본적인 그리는 방법과 편리한 기능을 살펴봅시다.

해설	나나미 유키
사용 툴	dotpict
X	@yuki77mi

픽셀 아트의 매력은

픽셀 아트는 색상 수나 픽셀 수의 제한 속에서 시행착오를 겪는 재미가 있습니다. 그리고 다양한 스타일이 있으며 작은 픽셀 아트도 큰 픽셀 아트도 각각 매력적이며 향수를 불러일으키는 동시에 새로움을 느낄 수 있어 보는 것도 그리는 것도 질리지 않습니다.

이번 작품에 대해

소녀와 식물을 그리는 것을 좋아해서 두 가지 요소를 모두 넣었습니다. 잎사귀를 그리는 데에는 손이 조금 많이 가지만, 식물이 있으면 화면이 한결 돋보이고 익숙해지면 그리는 것도 재미있으니 꼭 도전해 보셨으면 좋겠습니다.

STEP 01   밑그림 그리기

다른 페인팅 소프트웨어와 마찬가지로 픽셀 아트도 윤곽선이 되는 밑그림 그리기부터 시작합니다. 화면 위를 탭해서 그릴 수도 있지만, 터치펜을 준비하면 더 쉽게 그릴 수 있습니다.

1   캔버스 만들기

먼저 캔버스를 새로 만듭니다. dotpict를 실행한 후 연필 마크❶를 선택하고 [새로 만들기]❷를 누릅니다. [캔버스] 또는 [애니메이션]을 선택할 수 있습니다.
이번에는 설명을 생략하지만 [애니메이션] 항목에서는 여러 개의 패턴을 조합하여 GIF 애니메이션을 만들 수 있습니다.

❶ 그리기

❷

[크기 변경]을 누르고 하단에 크기 32x32
을 누르면 크기를 조정할 수 있습니다. 이
번에는 96x96을 선택해 주세요.

이어서 팔레트를 선택합니다. 이번에는
[팔레트를 변경]을 선택합니다. 원하는 팔
레트를 고른 다음 하단에 있는 **[만들기]**
버튼을 누릅니다.

캔버스가 등장합니다. 바로 그림을 그리
고 싶습니다만 터치 펜으로 그리려면 **[설
정]** 항목을 탭하세요. 자세한 내용은 다음
페이지에서 설명하겠습니다.

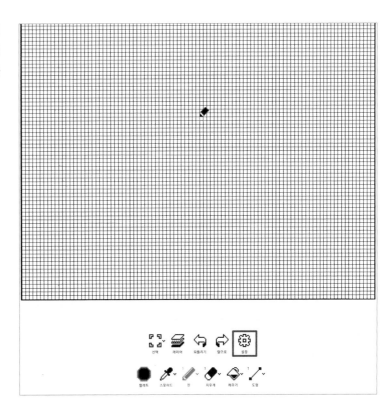

터치 펜을 사용할 경우

dotpict는 화면을 손가락으로 탭하여 그림을 그릴 수 있지만, 터치 펜을 사용할 수도 있습니다. 저는 Apple Pencil으로 그리기 때문에 [설정]의 [펜 설정]에서 [터치펜 모드]와 [Apple Pencil만 반응] 항목을 활성화했습니다.

❖ 본문에서는 Windows 버전 한글판 기준으로 소개하므로, 애플 펜슬 설정은 없습니다.

작업 중 　환경 설정　 도움말 ↗

터치펜 모드
손가락으로 긋는 곳에 선이 그려집니다

커서 속도 　　　　　　　　　　x1.0

팔레트를 항상 표시하기 ⑦

현재 색으로 이동
선택한 색으로 이동합니다

색상을 가로 1열로 표시 🅿
언제 모양으로 변경됩니다

2 : 인물의 얼굴, 머리 윤곽을 그려 보자

펜 (A)가 선택되어 있는지 확인하고 선을 그려 봅시다. 여기에서는 인물과 배경을 그려보겠습니다. 먼저 인물의 얼굴 윤곽부터 그려봅시다. 색상 (B)는 초기 상태에서는 검정색이 선택되어 있으므로 그대로 그려갑니다. 그린 선을 지우고 싶으면 지우개 (C)를 선택해서 지우고 싶은 부분에 덧그립니다.

얼굴 윤곽을 그렸습니다. 나중에 수정할 수 있으므로 대략적인 형태여도 상관없습니다.

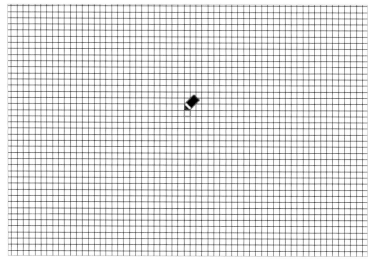

다음으로는 머리카락의 윤곽을 그립니다. 부분별로 윤곽선을 다른 색으로 그리면 나중에 편집하기 쉽기 때문에 얼굴 윤곽선의 검은색과는 다른 색으로 그립니다. [팔레트]를 눌러 고릅니다.

[색상 선택]을 선택하면 팔레트가 나옵니다. 여기에서는 머리카락의 윤곽선을 갈색으로 그려보겠습니다. 갈색을 탭 하여 선택하고 그려주세요.

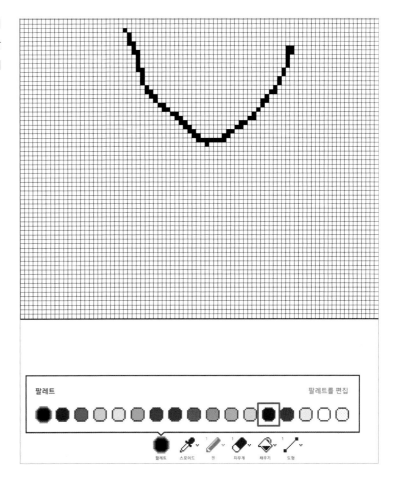

머리카락의 윤곽을 그렸습니다!

STEP01-2의 얼굴과 머리카락 윤곽을 그리는 것과 같은 순서로 부분별로 색을 구분하여 윤곽을 그립니다. 몸의 윤곽, 눈, 옷의 윤곽을 그렸습니다.

배경을 그리기 전에 인물의 위치를 조금 이동시켜 봅시다. [**선택**]을 탭하여 [**사각형**]을 선택합니다.

배경을 그리기 전에 인물의 위치를 조금 이동시켜 봅시다. [**선택**]을 탭 하여 [**사각형**]을 선택합니다.

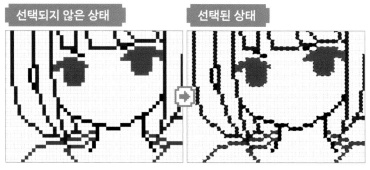

조금 오른쪽으로 옮겼습니다. 위치를 결
정했으면 [이동완료]를 탭합니다. 이것으
로 이동 완료입니다.

입과 눈썹을 그려 넣습니다. 이것으로 인
물의 밑그림이 완성되었습니다.

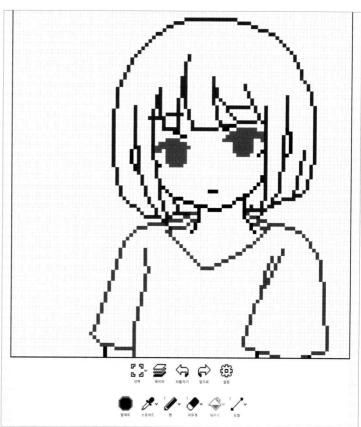

밑그림 그리기에 성공했다면 파트별로 색을 구분하여 대략적인 이미지를 파악할 수 있도록 합니다. 이때의 색은 파트를 쉽게 구분하기 위한 것으로 아무 색이나 써도 상관없습니다.

1 : 인물의 색상을 구분해 보자

먼저 머리카락을 주황색으로 칠하고 싶으니 [색상 선택]에서 팔레트를 열어 주황색을 선택합니다.

나중에 색상을 편집해서 바꿀 수 있으니 이 때 선택하는 색상은 다른 윤곽선이나 파트와 다른 색상이면 아무 색이나 상관없습니다. 저는 주황색을 사용하겠습니다.

색상이 주황색인 상태에서 페인트를 선택합니다. 그리고 칠하고 싶은 파트 위를 탭합니다. 선으로 둘러싸인 부분이 채워지므로 머리카락 부분이 모두 주황색이 되도록 채워 갑니다.

머리카락에 임시 색상을 입혔습니다. 같
은 순서와 방법으로 피부, 옷도 각각 임시
색상으로 채색해 나갑니다.

인물의 색상 구분이 끝났습니다.

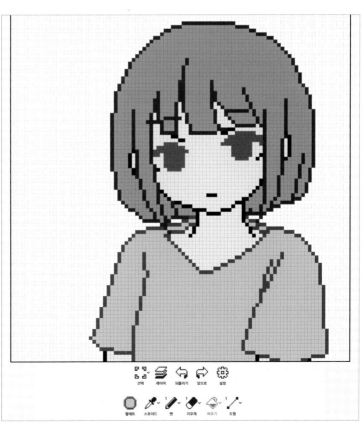

2 배경의 색상을 구분하자

다음은 배경을 대충 색상으로 나눠 그려
봅니다. 여기에서 배경은 윤곽선 없이 그
려갑니다.

배경은 그리고 싶은 것을 생각해서(여기
에서는 나무, 담장, 하늘) 각각 다른 색상
으로 구분합니다. 초록색을 선택하여 나
무의 대략적인 윤곽을 그린 후 같은 초록
색으로 채웁니다.

담장 하늘도 마찬가지로 각각의 팔레트에
서 아직 사용하지 않은 색으로 그려서 채
웁니다.

배경 색상 구분이 끝났습니다.

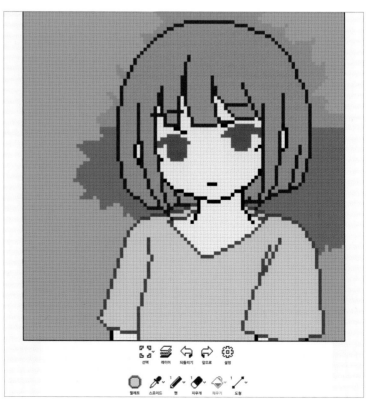

색상 구분이 끝나면 색상이 잘 보이도록 격자선을 숨기면 다음 단계 작업을 쉽게 할 수 있습니다. 메뉴에서 **[설정]❶**을 선택하고 **[가이드 표시]❷**의 체크 박스를 눌러 해제하면 숨길 수 있습니다.

STEP 03 색상 변경하기

dotpict에서는 색상 변경을 쉽게 할 수 있기 때문에 '값'의 컬러 코드를 변경하여 다양한 색상을 시도해 볼 수 있습니다. 색조, 선명도, 밝기 등 수치를 조정해 자신에게 맞는 색상을 만들어 봅시다.

1 색상 값을 조정해 보자

[팔레트]에서 팔레트를 열고 **[팔레트를 편집]**을 탭합니다.

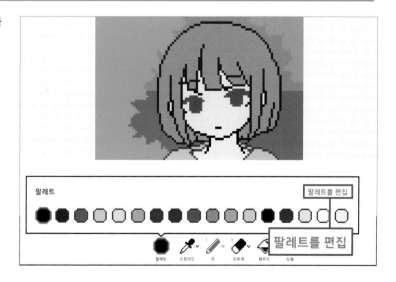

다음과 같은 화면이 나왔습니다. 이번에는 [값]에서 색상을 바꿔 보겠습니다.

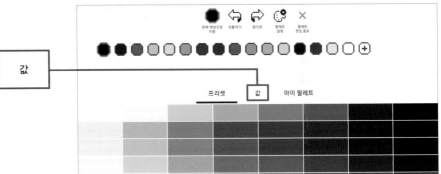

값

[값]을 선택하면 다음과 같은 화면이 나옵니다. 바꾸고 싶은 색상을 선택한 상태에서 [H 색조], [S 채도]. [B 밝기] 각각의 바 위에 있는 ▼ 버튼을 움직이면 색상이 바뀝니다. 우선 머리카락에 사용하고 있는 주황색의 색감을 변경해 보겠습니다.

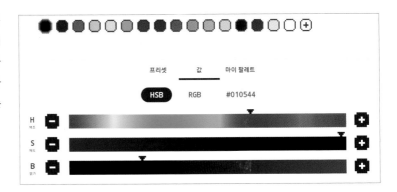

우선은 감각을 익히기 위해 적당히 만지작거려 봅시다. [H 색조]의 ▼ 버튼을 핑크색 부분으로 가져와서 선명도와 밝기의 ▼ 버튼을 오른쪽으로 가져왔습니다.
[S 채도]는 왼쪽으로 갈수록 옅어지고, 오른쪽으로 갈수록 선명해집니다.
[B 밝기]는 왼쪽으로 갈수록 어둡고 검은 색에 가까워지고, 오른쪽으로 갈수록 탁하지 않고 밝은 색상으로 바뀝니다.
dotpict에서는 ▼ 버튼을 조작하면 실시간으로 캔버스 색상이 바뀌기 때문에 그림을 보면서 다양한 색상으로 변경해 감각을 익히기 쉽습니다.

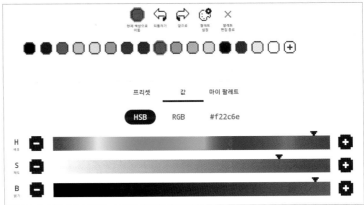

2 좋아하는 색상으로 변경하자

색상 값에 대한 감이 잡히면 각 파트를 원하는 색상으로 변경해 봅시다. 여기에서는 머리카락을 핑크 빛이 도는 차분한 색상으로 하고 싶어 오른쪽 그림과 같은 값으로 설정했습니다.

나중에 색상을 변경할 수 있으니 대략적인 색상으로 해도 괜찮습니다.

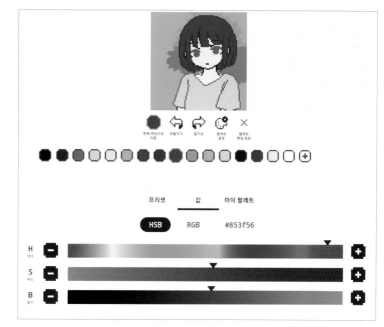

모든 파트와 윤곽선의 색상을 변경했습니다. 자연스러운 색상을 고르는 요령은 선명도, 밝기를 너무 높이지 않는 데에 있습니다. 조금 어둡거나 너무 밝지 않은 색상을 선택하면 배경과 인물이 서로 잘 어우러집니다.

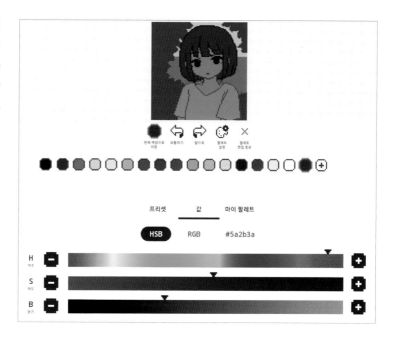

마지막으로 세부적인 마무리를 지어 그림을 완성합시다. 도트로 구성되어 있는 픽셀 아트이지만 눈이나 머리카락의 하이라이트, 식물을 그려 넣으면 더욱 멋스러운 그림을 완성할 수 있습니다.

1 인물을 그려 넣자

인물의 얼굴도 그려 넣습니다. 뺨의 홍조와 눈동자의 빛 등을 그려 넣읍시다.

눈동자는 머리카락과 같은 색상을 씁니다. 뺨의 색이나 흰자위 부분은 다른 파트에서 사용하지 않는 색을 골라 원하는 색상을 만들어 칠합니다. dotpict에서는 현재 32가지 색상까지 사용할 수 있습니다. 비슷한 색상으로 칠할 수 있는 곳을 같은 색상으로 칠하면 나중에 색상이 부족하지 않게 됩니다.

2 배경을 그려 넣자

배경의 나무를 그려 넣습니다. 칠해져 있는 초록색보다 옅은 초록색을 만들어 잎사귀 모양으로 그려 넣습니다. 세밀하게 그리고 싶을 때는 화면을 핀치하여 확대하면서 그립니다.

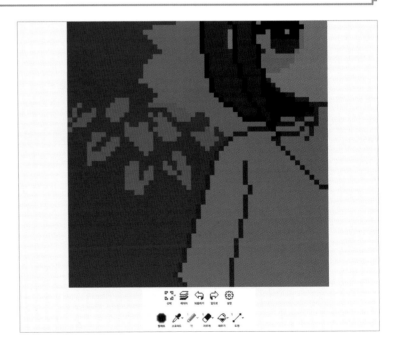

나뭇잎의 그림자를 그려 넣습니다. 진한 초록색이 아닌 파란색을 사용하면 더 자연스럽습니다. 나무 줄기도 그려 넣습니다. 머리카락의 윤곽선과 같은 색상을 사용했습니다.

나무 그려 넣기가 끝났습니다. 여기서 더 그려 마무리해 보겠습니다.

3 팔레트 색상을 늘려보자

그려가다가 색상이 부족해지면 팔레트 색상을 늘릴 수 있습니다. [팔레트]를 선택해 팔레트를 열고 [팔레트를 편집]에서 색상 편집 화면으로 이동합니다. 그리고 줄지어 있는 색상에서 [+]❶ 버튼을 누르면 흰색이 17번째 색상으로 추가됩니다. 그 다음에는 [값]❷을 원하는 색상으로 조정하여 사용합니다.

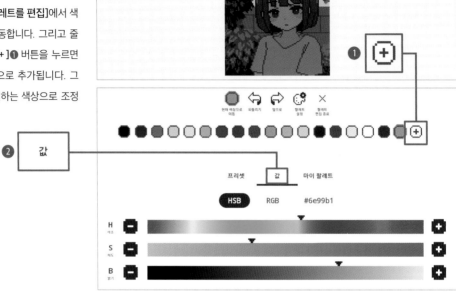

4 마무리

배경, 인물의 세세한 부분을 마무리합니다. 꽃을 추가하거나 머리카락에 빛이 닿는 부분을 칠합니다. 색상의 미세 조정도 적절히 합니다.

만족스러울 때까지 그려 넣으면 완성입니다!

완성

COLUMN **색을 변경하여 그림의 분위기를 바꿔보자**

dotpict에서는 색상을 쉽게 변경할 수 있습니다.
완성한 그림을 복사해서 색을 바꿔보는 것도 재미있습니다.
전체적으로 밝기와 선명도를 조금씩 높여봤습니다. 밝은 느낌으로 바뀌었네요.

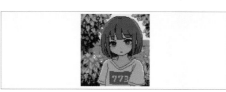

이번에는 아예 색을 바꿔서 전체적으로 파란색에 가깝게 만들어 봤습니다. 밝은 핑크색을 넣어 포인트를 주었습니다.
이렇게 색에 따라 인상을 간단하게 바꿀 수 있으니 꼭 다양한 시도를 해보세요.

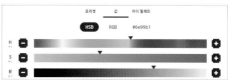

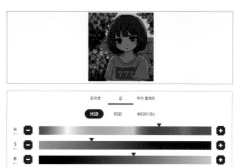

dotpict 고급 설정

앞 페이지까지의 기능 사용법은 기본적인 픽셀 아트 그리는 방법이지만, dotpict에는 고급 설정이라는 항목이 있습니다. 이 기능을 사용하면 더 효율적으로 작업할 수 있습니다.

❖ 본문에서 소개하는 '고급 설정' 항목은 현재의 일반 버전 및 Premium 유료 버전에는 없습니다만, 이전 버전 사용자 분들을 위해 본문을 그대로 소개하며, 현재 버전에서 사용가능한 기능들은 현재 버전으로 소개합니다.

1 고급 설정 펼치기

[설정] → [환경 설정] 및 각 도구에서 활성화해서 쓸 수 있는 기능을 소개하겠습니다.

2 레이어 표시

[레이어]를 탭하면 페인트 프로그램처럼 관리할 수 있습니다. 레이어는 3장(유료 회원의 경우 최대 10장)까지 사용할 수 있습니다. 배경을 그릴 때 유용합니다.

❖ 일반 메뉴의 '레이어'와 동일한 기능이므로, 현재 배포 버전 사용자는 이를 이용해주시면 됩니다.

3 자동 선택 표시

[선택]을 두 번 탭하여 [자동]을 선택한 상태에서 선택하고 싶은 부분을 터치하면 인접한 같은 색상 부분이 전부 선택됩니다.

4 테두리 표시

테두리로 지정하고 싶은 부분을 선택한 상태에서 [테두리]를 탭합니다. 그러면 테두리에 사용할 색상을 고를 수 있습니다. 색상을 탭하면 선택한 부분 주위에 테두리가 만들어집니다.

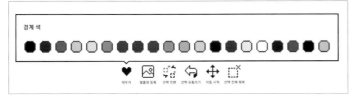

(현재 버전)

5 미리보기 표시

[설정] → [환경 설정]에 들어가면 [미리보기를 표시]의 체크 박스를 탭하면 왼쪽 상단에 그림 전체의 미리보기가 항상 표시됩니다. 큰 캔버스에 세세한 부분을 그릴 때에도 전체적인 균형을 확인할 수 있어 편리합니다.

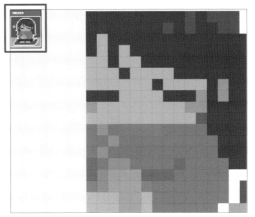

(현재 버전)

픽셀 아트
중급편

이어서 조금 더 심화된 픽셀 아트의 사용법을 소개하겠습니다.

이 장에서 주로 다루는 툴은 Aseprite입니다. Windows나 Mac에도 대응하

고 있어 환경에 맞는 툴을 사용할 수 있습니다. 애니메이션 기능이 풍부하기

때문에 완성된 픽셀 아트로 여러 개의 패턴을 만들면 간단한 움직임의 패턴을

만들 수 있습니다. 또한 캐릭터와 배경을 조합한 풍경 작품 등 대작에도 도전

해 봅시다.

Aseprite로
GIF애니메이션 기초를 배우자

Aseprite은 애니메이션 기능이 풍부한 툴입니다. 이 파트에서는 Aseprite로 만든 픽셀 아트를 조합해서 간단한 애니메이션을 만드는 방법을 살펴봅시다.

해설	**asaha**
사용 툴	Aseprite
X	@vpandav

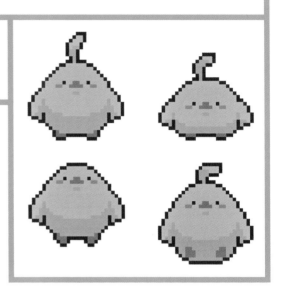

픽셀 아트의 매력이란

해상도가 낮고 정보가 대략적이기 때문에 보는 사람에게 상상을 펼칠 여지를 많이 준다는 점이 매력 중 하나라고 생각합니다. 각진 네모투성이인 그림이지만 부드러운 느낌을 주거나 점을 점멸하게 만든 것뿐인데 눈을 깜빡였다고 느끼는 등 상상력의 보완으로 보기보다 더 많은 의미를 만들어내는 것이 흥미롭습니다.

이번 작품에 대해

1등신 캐릭터는 그리기 쉽고 움직이기 쉬운 모티브입니다. 등신대가 커질수록 몸의 축이나 관절 등 의식해야 할 부분이 많아져서 어려워지므로 일러스트나 애니메이션에 익숙하지 않은 분은 병아리 등 간단한 캐릭터부터 도전해 보는 것을 추천합니다!

STEP 01　병아리 그려 보기

픽셀 아트로 동그랗고 말캉말캉한 캐릭터를 디자인합니다. 해설을 참고하여 자신이 좋아하는 가장 귀여운 도트 캐릭터를 만들어 봅시다!

1　캐릭터의 기본 실루엣을 그려 보자

빠르게 병아리를 그리기 위해 먼저 Aseprite에서 새로운 스프라이트를 준비합니다. 여기에서는 크기를 32×32 px❶, 컬러 모드를 RGB❷로 만들어 보겠습니다.

그리기 시작할 때 정한 이미지 크기는 용도가 정해져 있는 경우가 아니라면 대략적인 크기라고 생각해도 괜찮습니다. 익숙하지 않을 때는 무리하게 사이즈에 맞추려고 하지 말고 그리기 편한 크기로 조정해 봅시다.

둥글고 말캉한 병아리를 만들고 싶으니 먼저 화면 중앙 부근에 [채우기 원형] 툴로 원을 만듭니다. 그림에서는 직경이 20px인 원을 만들었습니다.

[Shift] 키를 누른 상태에서 커서를 조작하면 완벽한 원을 그릴 수 있습니다. 좀 더 말캉한 느낌을 주기 위해 원의 밑면을 채색하여 달걀 모양에 가깝게 만듭니다.

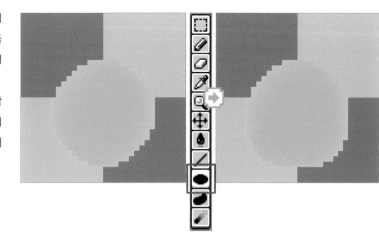

여기서는 최종적으로 검은색 윤곽선이 있는 디자인으로 하려 합니다.
완성된 모습을 쉽게 상상할 수 있도록 이 단계에서 전체에 검은색 윤곽선을 그려 넣습니다.

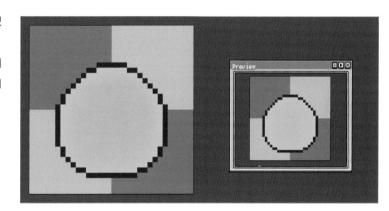

2 캐릭터 얼굴 디자인하기

드디어 얼굴을 그려봅니다.
얼굴 파트를 얼마나 그리느냐에 따라 몸의 크기에 영향을 미치기 때문에 얼굴부터 먼저 그립니다.

여기에서는 몸 전체의 볼륨감을 살리기 위해 얼굴은 단순하게 그렸습니다.

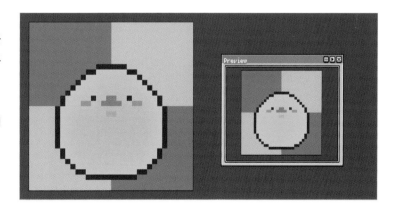

오른쪽 그림은 캐릭터 얼굴을 일러스트로 옮긴 것입니다.

픽셀 아트 기반으로 얼굴의 디자인을 결정했기 때문에 일러스트로 만들면 매우 심플하네요.

픽셀 아트만 보면 눈도 부리도 뺨의 홍조도 실제로는 올록볼록 각이 져 보이지만 보는 사람의 상상력에 따라 이 일러스트처럼 둥글둥글한 분위기로 보완된 것 같습니다.

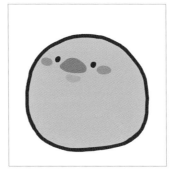

픽셀 아트를 위한 캐릭터 디자인을 할 때 얼굴의 세세한 부분을 얼마나 적은 도트로 표현할 수 있는지가 중요해 집니다. 예를 들어 흰자위와 검은 자위가 뚜렷한 눈을 그리려면 흰자위 2픽셀에 검은 자위 부분도 그보다 많은 픽셀이 필요하기 때문에 그만큼 얼굴 면적에서 눈이 차지하는 비율이 커집니다. 특히 동그란 눈은 그리기 어렵고 최소 단위로 표현하려다 보면 네모난 모양이 되어버려 크게 그리고 싶어지기 일쑤입니다. '눈'을 비롯한 얼굴 부위에 어느 정도 신경을 쓰느냐에 따라

❶이미지 크기를 크게 하여 캐릭터 전체를 크게 그린다.

❷이미지 크기는 크게 하지 않고 세세한 뉘앙스를 생략하여 표현한다.

…등의 방법으로 전환해 봅시다.

검은 자위와 흰자위를 명확하게 표현한 경우

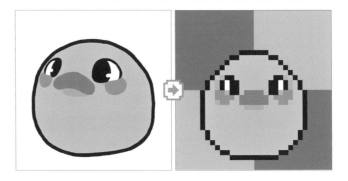

최소 단위로 표현하려고 하면 각진 인상이 된다

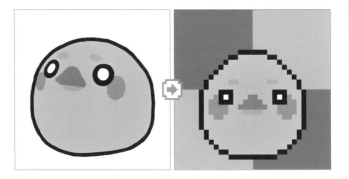

여담이지만, ❷를 파고드는 것도 픽셀 아트의 묘미라고 할 수 있을 것 같습니다. 색상 차이나 중간색 등을 활용해 적은 면적에 많은 정보를 우겨 넣어도 이미지 크기가 작으면 작을수록 외형은 당연히 네모질 수밖에 없습니다. 앞서 '보는 사람의 상상력으로 일러스트와 같이 둥그런 분위기로 보완된다'고 썼는데요. 레트로 게임의 네모진 캐릭터를 부드러운 실루엣으로 기억하고 있는 경우가 있지 않나요? 이 '보는 사람의 상상력'을 얼마나 끌어낼 수 있는 픽셀 아트가 되느냐가 중요합니다. 보는 사람에게 불필요한 정보를 주지 않기 위해 일부러 그림자나 파트를 너무 세밀하게 그리지 않는 것도 테크닉 중 하나라고 생각합니다.

디포르메를 통해 묘사를 생략한 표현

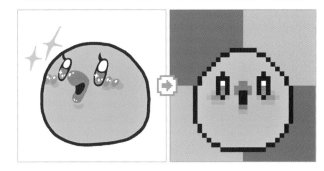

3 신체 부위를 그려 넣자

얼굴이 정해졌으니 필요한 신체 부위를 그려서 전체를 정돈합니다. 여기에 그리는 병아리는 나중에 애니메이션으로 만들고 싶기 때문에 움직일 때 도드라지는 '흔들리는 파트'를 추가하고 싶습니다. 머리에 커다란 깃털 하나를 그려 넣었습니다.

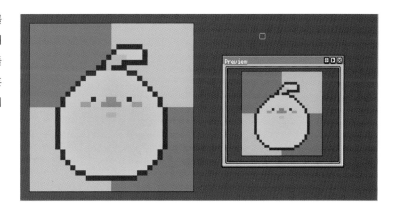

날개를 그려 넣습니다. 전체적으로 통통한 병아리를 그리려고 하므로 날개가 배의 면적에 비해 너무 크지 않도록 그립니다.

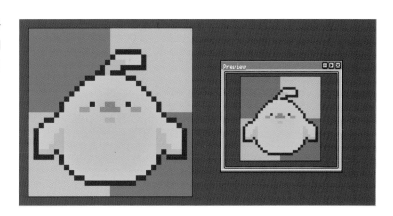

다리를 그려 넣습니다. 캐릭터의 전체적인 모습을 보면서 다양한 모양이나 크기를 시도해보고 가장 귀여운 디자인을 찾아봅니다.

이번처럼 검은 윤곽선이 있는 픽셀 아트에서 다리처럼 가는 파트를 그릴 때에는 조금 주의해야 할 점이 있습니다.

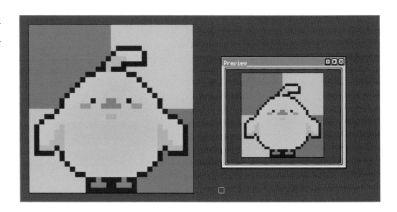

그림 A처럼 다리 모양을 이미지해서 픽셀 아트를 그리면 검은 윤곽선이 다리 모양을 너무 네모나게 강조하여 그림 B와 같이 의도와는 다른 인상을 줄 수 있습니다. 얇은 부분은 최대한 떨어트리고 윤곽선과 윤곽선 사이에 틈이 생기도록 하여 이를 방지합니다.

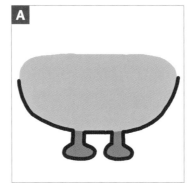

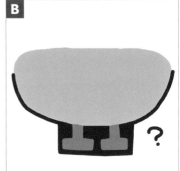

여러가지 다리 모양을 시도한 끝에 다리를 그림과 같이 배 아래에 살짝 숨겨진 형태로 결정했습니다. 이렇게 하면 전체 실루엣의 둥근 느낌을 해치지 않으면서 작고 귀여운 다리를 표현할 수 있습니다.

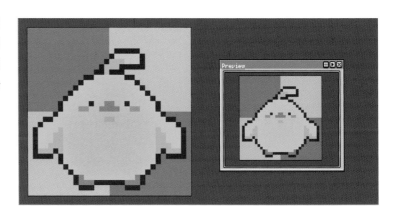

4 ┊ 전체를 정돈하고 그림자를 드리우자

병아리를 구성하는 파트가 완성되었으니 다시 한 번 전체를 정돈합니다. 약간 벌어져 있던 날개를 몸통에 밀착시켰습니다. 몸 아래쪽에도 그림자를 넣었는데 좀 더 둥글고 통통한 병아리를 만들기 위해 과감하게 그림자를 크게 그려 넣어봅니다. 명암을 넣음으로써 얼굴 주변의 둥근 정도가 강조되어 발랄한 인상이 되었습니다. 그림자 넣는 방법은 취향이나 그리는 사람의 터치에 따라 달라질 수 있으니 꼭 다양한 그림자 그리기를 시도해 보세요.

5 ┊ 간단하게 눈 깜빡임 애니메이션을 붙여보자

귀여운 병아리를 그렸으니 아주 간단한 애니메이션을 하나 시도해 보겠습니다. Aseprite 메뉴에서 [보기] → [타임라인]을 선택❶합니다. 애니메이션을 만들기 위한 타임라인이 표시됩니다❷. 'Layer 1'이라고 적힌 부분의 오른쪽에 있는 '●'❸이 방금 그린 병아리가 들어있는 '셀'입니다.

셀 위에 적힌 숫자 '1'은 애니메이션의 첫
번째 프레임임을 나타내는 '프레임 번호'
입니다. 이 프레임 번호 위에서 마우스 마
우스 우클릭 후 [프레임 생성]❹을 선택하
면 첫 번째 프레임의 셀이 복사된 상태로
두 번째 프레임에 추가됩니다.

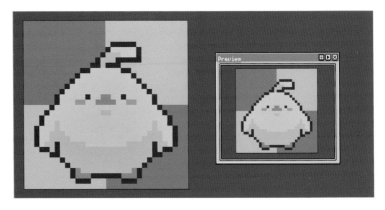

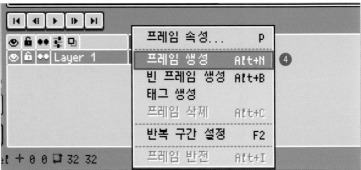

병아리 눈을 지우고 1픽셀 아래에 눈을 감
고 있는 가로선을 그립니다. 이것으로 첫
번째 프레임은 눈을 뜬 병아리, 두 번째 프
레임은 눈을 감은 병아리가 됩니다. 이대
로 두면 0.1초 간격으로 눈을 뜨고 감게
되어버리니 타이밍을 변경해 봅시다.

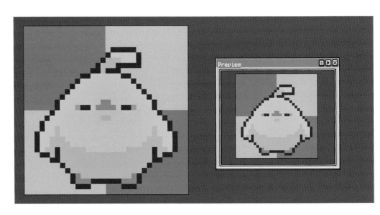

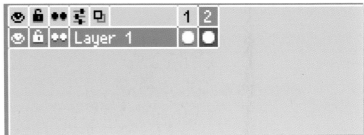

프레임 번호 '1' 위를 더블 클릭 또는 우클
릭하여 [프레임 속성]❺을 엽니다. '시간
(밀리초)'이라고 적힌 항목의 오른쪽에 있
는 숫자를 변경하여 해당 프레임을 계속
표시하는 시간을 조정할 수 있습니다. 병
아리가 눈을 뜨고 있는 시간을 늘리고 싶
으니 프레임 번호 1의 표시 시간을 늘려봅
시다. 프레임 속성이 '프레임 번호 1'인 것
을 확인하고 '시간(밀리초)'을 입력합니다.
밀리초는 1초를 1000분의 1(0.001초)로
나타낸 단위입니다. 1밀리초는 0.001초,
1000밀리초는 1초입니다. 즉, 방금
'1000'을 입력했으므로 병아리가 눈을 뜬
상태가 1초 동안 유지된다는 뜻입니다.

두 번째 프레임은 기본값인 100밀리초
(0.1초)가 입력된 상태이므로 이제 1초마
다 눈을 깜빡이는 병아리 애니메이션이
완성되었습니다.

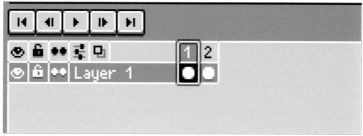

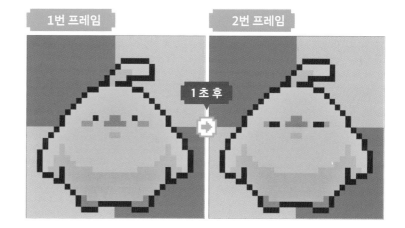

1번 프레임   1초 후   2번 프레임

STEP 01에서 그린 병아리에게 간단한 점프를 시켜 봅시다. 이전 단계에서 만든 눈 깜빡임 애니메이션 프레임은 일단 지우고 다른 이름으로 저장해 둘 것을 추천합니다.

1 : 4프레임 애니메이션의 토대를 준비해 보자

타임라인의 첫 번째 프레임에 STEP01에서 그린 병아리를 배치합니다. 발을 캔버스 하단 거의 끝에 배치합니다.
프레임 속성에서 [지속 시간(밀리초)]를 '100'으로 설정해 둡니다.

타임라인의 첫 번째 프레임에서 우클릭 또는 [Alt]+[N] 키를 눌러 첫 번째 프레임과 같은 내용의 프레임을 3개 추가합니다 (Mac의 경우 [option]+[N] 키로 새 프레임 추가).

병아리는 아직 움직이지 않지만 4프레임 분량의 애니메이션 토대가 완성되었습니다.

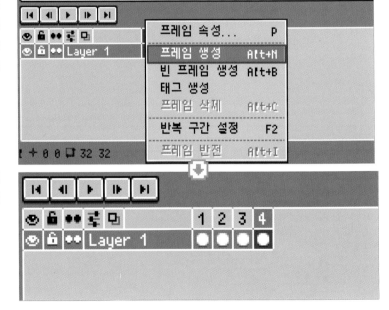

2 병아리가 점프하는 방법을 생각해보자

움직이기 전에 어떻게 움직일지 이미지를 생각해 봅시다. 여기에서는 다음과 같은 동작을 만들어 보려 합니다.

- 1번 프레임: 서 있는 상태
- 2번 프레임: 점프할 힘을 모아 움츠린 상태
- 3번 프레임: 힘차게 공중으로 뛰어오른 상태
- 4번 프레임: 낙하하는 상태
- ❖ 각 프레임의 표시 시간은 100밀리초 입니다

점프하는 방법도 다양하므로 움직임은 여기에만 국한되지 않습니다. 여기에서는 간단하게 4프레임으로 설명하지만, 프레임 수를 늘리거나 각 프레임의 시간 표시를 짧게 하여 더욱 부드러운 애니메이션을 만들 수도 있습니다. 애니메이션에 익숙하지 않다면 처음에는 병아리 대신 채운 원을 움직여 다양한 시도를 해보는 것이 좋습니다.

1번 프레임

2번 프레임

3번 프레임

4번 프레임

3 병아리 몸을 움직여보자

1번 프레임은 STEP01에서 그린 그대로 서 있는 상태로 두고 2번 프레임부터 움직여 보겠습니다. 2번 프레임의 움직임은 점프하려고 힘을 모아 움츠린 상태가 되도록 만듭니다. [사각형 선택 툴]을 선택하고 머리 깃털과 발 부분을 제외한 병아리의 몸 부분을 선택합니다.

2번 프레임

선택한 몸을 2픽셀 낮춥니다. 몸이 조금 내려앉은 느낌이 들면 됩니다. 머리 깃털이 공중에 떠있는데 머리 깃털은 나중에 움직일 것이므로 일단 이 상태로 둡니다.

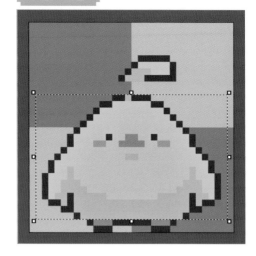

이어서 3번 프레임은 힘차게 공중으로 뛰어오른 상태로 만듭니다. 병아리의 몸을 발 밑까지 선택하고 높은 위치로 이동합니다.

병아리의 머리가 캔버스 상단에 부딪힐 정도의 높이에 배치했습니다.

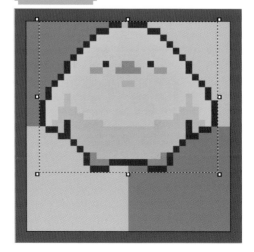

그리고 4번 프레임에서는 낙하하고 있는
상태로 만듭니다.
STEP 02-2에서 구상했던 것처럼 떨어지
는 여운을 표현하기 위해 몸 전체를 조금
더 세로로 길게 늘려보겠습니다.
병아리 전체를 선택하고 위치와 크기를
변경합니다.

4번 프레임

병아리를 화면 중앙 부근으로 이동하고 2
픽셀만큼 세로로 확대했습니다.

여기까지의 작업으로 4컷의 병아리는 오
른쪽 그림과 같이 되었습니다. 타임라인
의 재생 버튼 [▶]을 클릭하여 애니메이션
을 확인해 봅시다. 참고로 [Preview 윈도
우]의 재생 버튼(▶)을 클릭하면 편집 작
업을 하면서도 애니메이션을 미리보기 할
수 있습니다.

1번 프레임

2번 프레임

3번 프레임

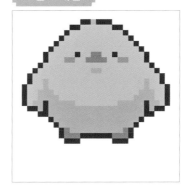

4번 프레임

병아리 머리가 캔버스 상단에 부딪힐 정
도의 높이로 배치했습니다. 움직임 하나
하나에 생동감을 주기 위해 다소 과장되
게 표현해 봅니다.

점프하기 직전인 2번 프레임은 좀 더 수
축된 상태로 만들어 봅니다.

[사각형 선택 툴]로 얼굴 주변을 선택하고
배에 가깝게 이동합니다.

2픽셀만큼 내려봤습니다. 좀 더 과장된
움직임을 만들고 싶다면 더 과감하게 세
로로 찌부러뜨리는 것도 좋습니다!

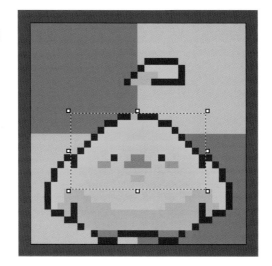

머리를 이동시켰기 때문에 디테일에 위화
감이 느껴지므로 빨간색으로 칠한 부분을
중심으로 모양을 정돈합니다.

여기서부터는 취향 문제지만, 얼굴도 약
간 아래쪽으로 향하게 하여 움츠러든 느
낌을 강조해 보겠습니다. **[사각형 선택
툴]**로 얼굴 부분 주변만 선택해 이동합니
다.

2픽셀만큼 아래로 이동시켜 얼굴이 아래
로 내려와 밑을 바라보고 있는 듯 보입니
다.

얼굴 이동에 맞춰 빨간색 영역을 중심으
로 배 주위의 그림자를 조정합니다.

공중에 떠 있는 3번 프레임도 더 하늘을 향해 날아가는 포즈로 변경합니다. 얼굴 주변을 선택하고 이동시켜 위를 향하게 합니다.

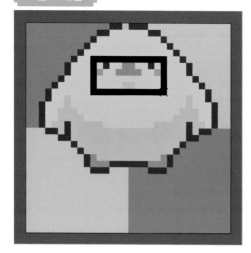

얼굴을 위로 2픽셀만큼 이동시켰습니다. 더 나아가 주황색 다리도 아래쪽에 1픽셀을 추가하고 뛰어올랐을 때 다리를 뻗은 자세를 취하도록 했습니다.

4번 프레임은 떨어지면서 몸이 세로로 약간 늘어나 있는 병아리가 되었습니다. 빨간색 발 부분을 변경합니다.

다리를 몸 안쪽으로 그리면 3번 프레임에서 뻗어 있던 다리를 한번에 수축시킨 듯한 역동적인 느낌을 낼 수 있습니다.

이미지를 세로로 확장했을 때 늘어난 여분의 그림자 등도 조정합니다.

여기까지 머리 깃털을 제외한 병아리의 몸을 쫀득쫀득하게 점프하는 동작을 만들 수 있었습니다!

애니메이션을 재생하여 확인해 봅시다.

5 머리 깃털을 움직여 보자

이제 공중에 떠있던 머리 깃털을 움직여 볼 차례입니다!

깃털은 몸통에 조금 늦게 따라가는 움직임으로 만들어볼까 합니다. 병아리가 움츠러든 2번 프레임에서는 깃털 끝이 높은 위치에 그대로 있고 머리에 있는 모근에 약간 당겨지는 상태로 만들고 싶습니다.

깃털 부분을 [**사각형 선택 툴**]로 선택합니다.

2번 프레임

왼쪽으로 2픽셀, 아래로 2픽셀 이동했습니다.

빨간색 범위를 추가하고 파란색 범위를 깎아 모양을 다듬습니다.

오른쪽 그림과 같은 모양으로 조정했습니다.
3번 프레임에서 깃털은 등쪽으로 보이지 않기 때문에 딱히 만지지 않겠습니다.

4번 프레임에서의 깃털도 이동하여 떨어지는 병아리에 뒤따라오는 위치로 조정합니다.

4번 프레임

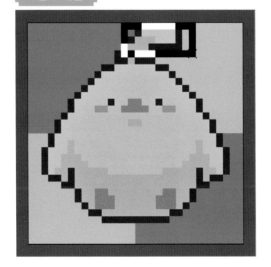

깃털을 왼쪽으로 2픽셀 이동하고 모양을
다듬습니다.

지금까지 1번 프레임을 거의 건드리지 않
았지만, 4번 프레임부터 연결하여 착지한
모습이 되므로 깃털도 조금 더 높은 위치
로 조정합니다.

1번 프레임

[사각형 선택 툴]로 깃털 주변을 선택한
상태에서 선택 범위보다 조금 바깥쪽으로
마우스 포인터를 가져가면 포인터가 양방
향 화살표 모양으로 바뀝니다. 그 상태에
서 선택 범위를 회전시켜 봅시다.
그림에서는 반시계 방향으로 45도 회전
시켰습니다.

회전시킨 상태에서 선과 칠을 정리했습니다. 착지한 직후라 깃털은 아직 공중에서 살랑살랑 흔들리고 있는 상태입니다. 애니메이션을 미리보기로 확인하면서 만족스러워질 때까지 수정을 거듭해 보세요. 이것으로 병아리가 점프하는 애니메이션이 완성되었습니다!

완성한 4프레임 분량을 늘어놓으면 오른쪽 그림과 같습니다.
각 프레임의 이동 방식을 바꿔보거나 프레임을 추가하는 등 다양한 움직임을 시도해 보세요!

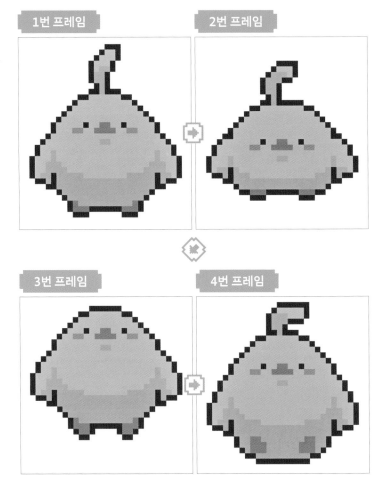

1번 프레임

2번 프레임

3번 프레임

4번 프레임

STEP 03 : 병아리 걷게 하기

액션 게임에 나오는 플레이어 캐릭터와 같은 보행 애니메이션을 만듭니다. 단순해 보이지만 자칫 실수하기 쉬운 동작이므로 한 단계씩 신중하게 애니메이션을 확인하면서 진행하도록 합시다.

1 : 병아리를 비스듬히 오른쪽을 향하게 하자

STEP 01에서 만든 병아리를 이용합니다. 2프레임 이상 만든 경우 1프레임만 남겨두고 다른 이름으로 저장해주세요.

오른쪽을 향하게 하기 위해 병아리의 중심을 선택하고 오른쪽으로 2픽셀 이동합니다.

다소 억지스러워 보이지만, 이렇게 파트별로 이동하면 원래 캐릭터의 이미지를 훼손하지 않고 방향을 쉽게 바꿀 수 있습니다. 입체 파악이 어려운 분에게도 이 방법을 추천합니다. 다음으로, 알기 쉽게 몸의 축을 기준으로 균형을 잃은 파트부터 이동시켜 봅시다. 오른쪽 그림에서는 중심을 오른쪽으로 2픽셀 이동시킨 탓에 왼쪽 다리(화면 오른쪽)만 떨어져 있네요.

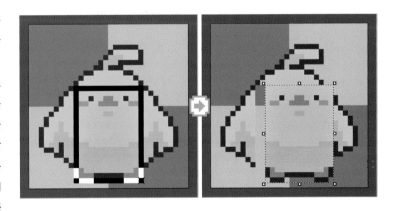

왼쪽 다리를 2픽셀 안쪽으로 이동시켰습니다. 오른쪽을 향해 걷게 하기 위해 머리 깃털도 좌우 반전하여 뒤로 흩날리는 모양으로 만들었습니다. 이 상태라도 약간 비스듬히 오른쪽을 바라보고 있는 것처럼 보입니다! 아직은 어색한 부분이 있으니 계속 다듬어 갑시다.

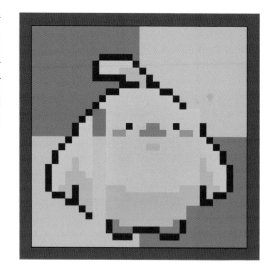

빨간색 원이 현재의 병아리 체형입니다. 이 모양이 흐트러지지 않도록 신경 쓰면서 오른쪽으로 비스듬히 향하게끔 만들어 줍니다. 불안하다면 다른 레이어에 보조선을 그려 두는 방법도 있습니다.

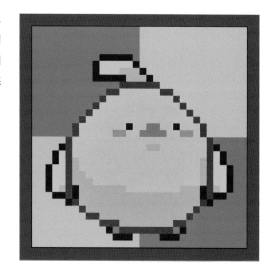

병아리의 왼쪽 날개(화면 오른쪽)는 몸 안쪽에 있는 것이 자연스럽습니다. 왼쪽 날개를 선택해서 2픽셀 안쪽으로 이동합니다.

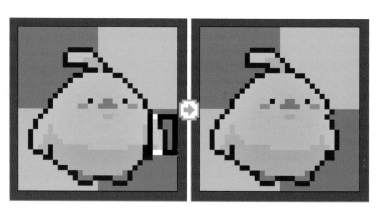

병아리의 오른쪽 날개(화면 왼쪽)는 몸 앞
쪽으로 나와 있으므로 크기를 크게 변경
합니다. 오른쪽 날개를 선택해 안쪽으로
4픽셀 정도 확대합니다.

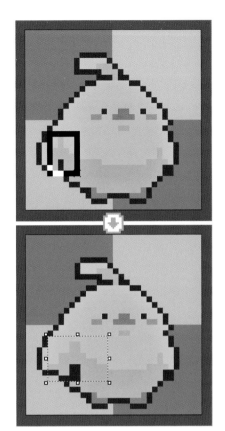

부자연스럽게 보이는 부분을 정돈합니다.
아까 보여줬던 빨간색 원을 의식하여 왼
쪽 날개의 앞쪽에는 병아리 배가 겹치도
록 하고, 오른쪽 날개의 아래쪽은 병아리
엉덩이가 둥글게 이어지도록 그립니다.
취향에 따라 꼬리 날개를 그려도 귀여울
겁니다. 몸 앞쪽에 있는 오른쪽 날개를 크
게 수정한 것에 맞춰 오른쪽 다리도 1픽셀
크게 수정했습니다.

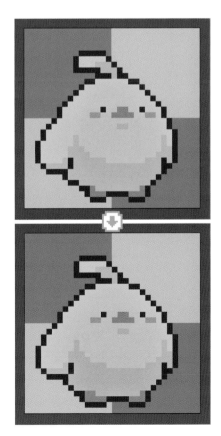

몸에 맞춰 얼굴의 세세한 파트도 좀 더 자연스럽게 오른쪽으로 비스듬히 기울어지도록 조정해 갑시다. 얼굴의 입체감을 살리기 위해 뺨의 홍조는 안쪽을 1픽셀 축소합니다.

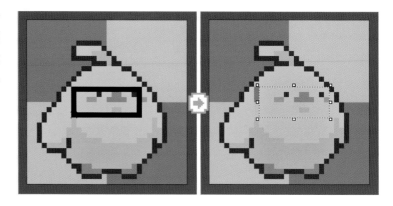

병아리의 왼쪽 날개(화면 오른쪽)는 몸 안쪽에 있는 것이 자연스럽습니다. 왼쪽 날개를 선택해서 2픽셀 안쪽으로 이동합니다.

COLUMN 픽셀 아트의 입체감 표현에 대해

병아리 몸통 크기에 비해 오른쪽 다리가 실제로는 이렇게 크게 보이지 않는 것 아닌가...라고 생각하셨을 수도 있습니다. 몸 앞쪽에 있는 것을 과장되게 그려서 전체가 약간 비스듬히 오른쪽을 향하고 있음을 강조하고 있습니다. 레트로 게임의 픽셀 아트에서도 작품에 따라서는 캐릭터의 앞쪽 다리를 크게 표현하여 입체감을 주는 경우도 있습니다.

표현 방식에 정답은 없으니 관찰과 고찰을 반복하면서 다양한 방법을 시도해 보시기 바랍니다!

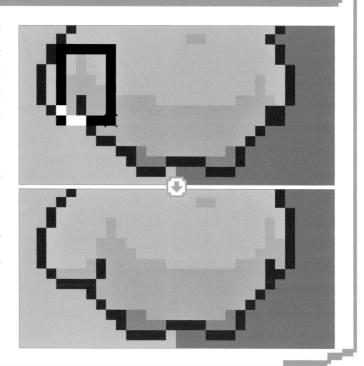

2 : 비스듬히 오른쪽을 향한 병아리

병아리 전체를 이동시켜 캔버스 바닥에 발이 닿도록 합니다. 이 캔버스 바닥을 지면 삼아 걷게 합시다. 1번 프레임과 같은 내용의 프레임 3개를 추가합니다. 모든 지속 시간(밀리초)은 100으로 설정합니다. 여기에서는 간단하게 4프레임으로 걷는 애니메이션을 만들어 보겠습니다. 먼저 어떻게 움직일지 이미지해 봅시다.

- 1번 프레임: 지면에 발이 닿아 있다(서 있다)
- 2번 프레임: 오른쪽 다리를 앞으로 내밀고 몸이 약간 떠 있다.
- 3번 프레임: 지면에 발이 닿아 있다(서 있다).
- 4번 프레임: 왼쪽 다리를 앞으로 내밀고 몸이 약간 떠 있다.

포동포동한 병아리를 걷게 만드는 것이니 발을 앞으로 내미는 타이밍에 몸을 위아래로 둥둥 띄우는 동작으로 만들고자 합니다.

2번 프레임과 4번 프레임은 병아리를 지면에서 1픽셀 높은 위치에 배치합니다.
이 상태에서 타임라인의 재생 버튼 [▶] 또는 미리보기 창에서 재생 버튼 [▶]을 누르면 병아리가 위아래로 둥둥 움직이는 애니메이션을 확인할 수 있습니다.

이어서 2번 프레임에서 오른쪽 다리(화면 왼쪽)를 지우고 몸 앞쪽에 작은 판형으로 발바닥을 그립니다. 실제 병아리 발은 더 가늘지만, 다리를 앞으로 내밀고 있다는 것을 쉽게 알 수 있도록 디자인했습니다. 취향에 맞게 변형해 보세요!

4번 프레임에서 왼쪽 다리를 앞으로 내밀어 줍니다. 몸 안쪽에 있다는 것을 의식하면서 배의 라인을 따라 작은 판형을 그립니다. 여기서도 애니메이션을 재생하여 다리의 움직임을 확인해 보세요.

2번 프레임, 4번 프레임에서 반대쪽 다리의 위치가 자연스럽게 보이도록 수정합니다. 이번 동작에서는 반대쪽 발로 땅을 차는 타이밍이 될 것 같습니다. 머릿속으로 움직임을 정확하게 시뮬레이션 할 수 있는 것이 중요하므로 잘 모르겠다면 직접 걸어보거나 영상을 보면서 연습해보는 것이 좋습니다.

반대쪽 발까지 그렸으면 다시 애니메이션을 재생하여 움직임을 확인해 보세요. 제대로 걷고 있나요? 이것으로 보행 애니메이션의 첫 번째 단계를 클리어 했습니다!

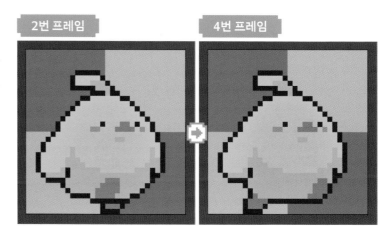

3 병아리를 좀 더 자연스럽게 걷게 해보자

4프레임에 불과한 애니메이션이지만, 좀 더 자연스러운 움직임을 원한다면 할 수 있는 일이 더 있습니다. 1번 프레임과 3번 프레임이 그냥 서 있는 그림인 채로 남아 있기 때문에 여기에 한 수 보태겠습니다. 실제로 직접 걸어보면 땅을 차고 나서 발을 앞으로 내딛기 전까지는 발이 땅에 닿지 않는 것 같습니다. 즉, 1번 프레임과 3번 프레임에서 한쪽 다리가 올라가 있으면 움직임이 더 자연스러울 것 같네요.

1번 프레임의 오른쪽 다리, 3번 프레임의 왼쪽 다리를 지면에서 떼어내어 배 근처로 이동시킵니다. 3번 프레임의 왼쪽 다리는 몸 안쪽에 있기 때문에 배에 가려져 1픽셀 밖에 보이지 않습니다. 애니메이션을 재생하여 다리의 움직임을 확인해 봅시다. 다리 움직임이 자연스러워졌나요?

1번 프레임

3번 프레임

이제 병아리가 걷게 되었으니 머리 깃털도 함께 움직여 줍시다. 2번 프레임과 4번 프레임에서 병아리의 몸이 약간 떠올랐을 타이밍에 머리 깃털 끝이 뒤늦게 따라오는 것처럼 보이도록 깃털 끝을 2픽셀 정도 낮춰줍니다. 애니메이션을 재생해 봅시다. 머리 깃털의 움직임이 생동감 있게 표현되었나요?

2번 프레임

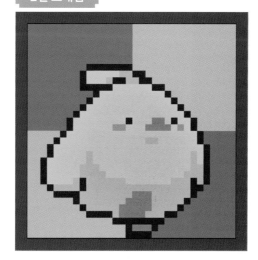

여기까지 왔으면 병아리는 걷고 있겠죠! 마지막으로 조금 더 병아리답게 걷도록, 날개를 펄럭이며 걷게 해 봅시다. 이번에는 다음과 같이 움직이게 해 보겠습니다.

• 1번 프레임: 날개를 올리는 중
• 2번 프레임: 날개가 최대로 올라간 상태
• 3번 프레임: 날개를 내리는 중
• 4번 프레임: 날개가 내려간 상태

1번 프레임에서 좌우 날개를 선택하고 위쪽으로 2픽셀씩 축소하여 날개를 약간 들어올리는 모양으로 만듭니다.

축소한 부분을 중심으로 둥그름하게 모양을 잡았습니다.

좌우 날개가 모두 들어갈 수 있는 범위를 선택하고 복사합니다. 같은 방식으로 날개가 올라간 2번째, 3번 프레임에 붙여넣기 합니다.

1번 프레임

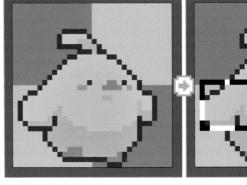

2번째와 3번 프레임에 복사한 날개를 붙여 넣고 튀어나온 부분을 지우개로 지웁니다. 2번 프레임에서는 날개가 최대로 올라간 상태가 되도록 만들고 싶어서 날개 부분을 선택해 1픽셀 위로 이동시켰습니다. 4번 프레임은 날개가 내려간 상태이므로 원래대로 둡니다.
이것으로 날개를 펄럭이며 걷는 병아리 애니메이션이 완성되었습니다!

2번 프레임

여기서 만든 애니메이션을 정리하면 그림과 같습니다. STEP 02에서 점프, STEP 03에서 걷는 동작을 만들었으니 간단한 게임 플레이어 캐릭터로 사용할 수 있을 것 같네요. 일단 날갯짓을 하고 있으니 이대로 하늘을 나는 게임에 등장해도 이상하지 않을 것 같습니다.
혹은 Adobe Animate 등의 소프트웨어에 적용하면 많은 병아리가 뛰어다니는 루프 애니메이션도 만들 수 있지 않을까요?
작은 캐릭터의 픽셀 아트를 활용해 다양한 시도를 해보세요!

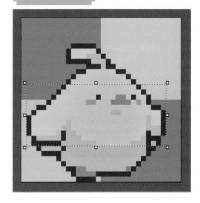
3번 프레임

4번 프레임

완성

Aseprite로 픽셀 아트 풍경 작품 완성하기

Aseprite를 사용하여 인물과 배경을 조합한 풍경 작품을 만들어 봅시다. 완성하기 위해서는 착실하게 작업해야 하지만, 세세한 부분까지 신경 써서 만들면 도트로 분위기 있는 작품을 만들 수 있습니다.

해설	아히루 히츠지
사용 툴	Aseprite
X	@ahiru_hitsuji

픽셀 아트의 매력이란

픽셀 아트에는 미니어처 같은 귀여움이 있어서 좋아합니다. 기법면에서 보면 어떤 해상도로 표현할지, 색이 어떻게 보이는지 등 일반적인 일러스트와는 다른 발상을 하는 부분도 있어 좋습니다.

이번 작품에 대해

산책 중에 찍은 사진을 바탕으로 생각했습니다. 큰 그림을 그리는 것은 오랜만이라 즐거웠습니다. 이번에는 움직이지 않는 그림이지만 평소에는 애니메이션을 주로 그리기 때문에 '어떻게 움직일 것인가'에 대한 부분도 생각하게 되더라구요. 여름 느낌의 빛을 느끼실 수 있다면 좋을 것 같습니다.

STEP 01   밑그림 그리기

큰 사이즈의 작품을 만들 때는 먼저 밑그림을 그리고 그 그림을 따라 그리는 식으로 진행하면 작업이 수월해집니다. 밑그림 자체는 다른 페인팅 툴을 사용해 그렸습니다.

1   밑그림 만들기

저는 픽셀 아트를 그릴 때 다른 앱으로 밑그림을 그리는 경우가 많습니다. 해상도에 따라서는 처음부터 Aseprite를 사용하기도 하지만, 기본적으로 큰 해상도로 그리는 경우가 많기 때문에 밑그림을 만드는 과정이 있습니다. 밑그림을 그리는 데는 클립 스튜디오 페인트(CLIP STUDIO PAINT)를 사용하지만, 가지고 있지 않다면 다른 앱을 써도 무방할 것 같습니다. 여기에서는 건물을 중심으로 그림을 그렸습니다. 사진을 바탕으로 밑그림을 만들어 갑니다.

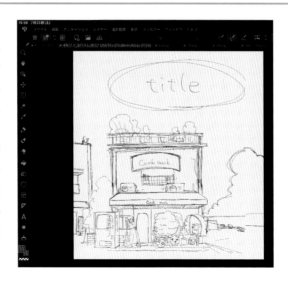

보통은 앞의 그림과 같은 상태에서 Asperite 작업으로 넘어가는 경우가 많은데, 이번에는 좀 더 세심하게 밑그림 작업을 해봤습니다. 기본적으로 정성을 들이면 들일수록 작업은 쉬워지지만, 이른바 디지털 그림과 픽셀 아트는 보이는 부분이 다르고, 제작 과정에서 변하는 부분도 많기 때문에 너무 집착하지 않아도 될 것 같습니다.

2 밑그림에 채색하기

이 상태에서 대략적인 채색까지 마무리합니다. 이 시점에서 색의 밸런스를 맞춰 놓을 것을 추천합니다. Aseprite에서 작업할 때 러프하게 만든 색상을 바탕으로 생각할 수 있어 효율적으로 작업할 수 있습니다. 기본적으로 이 상태의 색감에서 크게 바꾸지 않고 픽셀 아트로 만들어 갑니다.

캐릭터의 도트 찍어넣기

다음으로 Aseprite를 실행하여 앞서 만든 밑그림의 러프를 참조 레이어로 불러와서 도트 작업을 진행합니다. 먼저 캐릭터 부분의 도트를 찍어봅시다.

1 해상도를 설정하고 밑그림 레이어를 불러오자

밑그림을 그렸으면 Aseprite 작업으로 넘어갑니다. 픽셀 아트를 그릴 때 가장 먼저 결정해야 하는 것은 해상도입니다. 이번에는 꽤 큰 그림을 그릴 예정이므로 일단 캔버스 크기를 650*750으로 설정합니다. 최종 사이즈는 그림을 그리면서 제일 적당한 크기를 찾게 되므로 적당히 해도 괜찮을 것 같습니다.

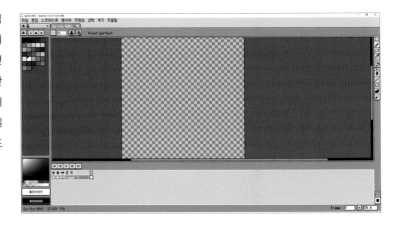

Aseprite에는 'Reference Layer(레퍼런스 레이어)'라는 기능이 있어 러프나 밑그림의 해상도를 변경하지 않고 밑그림으로 사용할 수 있습니다. 이 기능을 이용해서 클립 스튜디오에서 선으로 그린 그림과 채색을 마친 밑그림 2장을 모두 불러옵니다. 그 이유는 도트를 찍어가다 보면 채색이 겹쳐서 보기 힘들어지는 경우가 많기 때문입니다. 이 방법은 개인적인 편의에 따른 것이니 편한 방식으로 사용해도 괜찮습니다. 또한 초안 색상이 너무 짙어 잘 보이지 않는 경우 레이어를 마우스 오른쪽 버튼으로 클릭하고 속성을 불러오면 불투명도를 변경할 수 있습니다. 원하는 값으로 낮춰주면 됩니다.

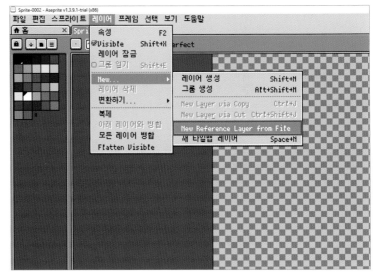

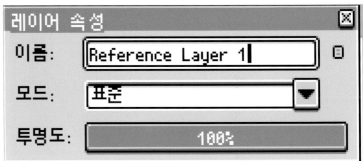

저는 캐릭터를 그리는 경우가 많아서 그
캐릭터가 잘 보이는 해상도에 맞춰서 그
리는 편입니다. 'Reference Layer'의 크기
를 바꿔 보면서 적당한 해상도를 찾습니
다. 여기에서는 그림과 같은 해상도로 설
정했습니다. 여담이지만, 저는 각 해상도
마다 캐릭터의 얼굴은 이렇게 그린다는
것이 어느 정도 정해져 있습니다.

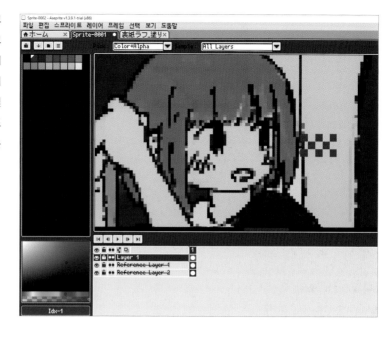

2 캐릭터에 색 입히기

밑그림용 'Reference Layer'를 따라 색을
칠해 갑니다. 사용하는 것은 [연필 도구]
입니다(각종 툴은 화면 오른쪽 끝에 있는
버튼에서 선택할 수 있습니다). 여기에서
는 Aseprite, 즉 PC에서 작업하고 있는데
저는 마우스로 입력합니다. 펜탭이나 액
정탭을 가지고 계신 분은 그것을 사용하
시면 더 효율적일 것 같고, iPad를 가지고
계신 분은 Pixaki라는 앱이 Aseprite와 거
의 동등한 기능을 가지고 있기 때문에 그
쪽을 사용하셔도 좋을 것 같습니다. 유료
앱이지만 Aseprite와 호환이 가능하기 때
문에 아이패드에서 본격적으로 픽셀 아트
를 그리고 싶은 들에게는 선택지 중 하나
가 될 수 있을 것 같습니다.

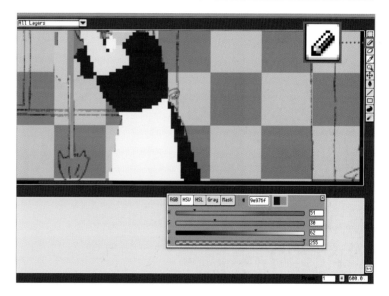

픽셀 아트를 실제로 그려 넣을 때 그리드
를 표시하는 것도 가능합니다. 툴 바의
[보기]에서 [격자]를 선택해 표시해 봅시
다. 저는 화면이 다소 복잡해져서 잘 사용
하지 않지만, 타일 패턴이나 상징적인 오
브젝트를 그릴 때 유용합니다.

밑그림에 칠했던 색상이 별로 맘에 들지 않아서 색상을 그 자리에서 바로바로 만들고 있습니다. 이럴 때는 나중에 전체를 보고 다시 수정하기 때문에 상당히 적당히 만들고 있습니다만.... 화면 왼쪽 아래에 있는 팔레트에서 색을 만들 수 있습니다. ❶에서 채도와 명도, ❷에서는 색상, ❸에서는 투명도를 조절할 수 있습니다. 투명도는 익숙해지기 전까지 변경하지 않는 것이 좋습니다. 그 아래 색상이 두 군데 표시되어 있는 부분❹은 위쪽이 전경색, 아래쪽이 배경색입니다. 여기를 클릭하면 (또는 [F4] 키를 누르면) 팔레트 에디터 윈도우로 불러올 수도 있습니다. 이것도 익숙해지기 전까지는 아래에 있는 배경색은 건드리지 않아도 괜찮습니다. 미세 조정을 쉽게 할 수 있기 때문에 저는 이 팔레트 에디터로 색상을 만드는 경우가 많습니다.

❹의 팔레트 에디터 윈도우를 호출한 상태

① 채도·명도

② 색상

③ 투명도

④ 전경색·배경색

또한 색상을 만들 때는 컬러 모드에 주의해야 합니다. 컬러 모드는 메뉴의 [스프라이트] → [색상 모드]에서 선택할 수 있습니다. [인덱스] 모드에서는 팔레트와 묘사하는 색상이 연결되어 있어 새로운 색상을 말들 때에는 팔레트에 색상을 제대로 추가해야 합니다. 이 기능은 색상 수 제한을 두고 그리는 경우나 게임용 그래픽 등을 만들 때 유용합니다. 나중에 설명하겠지만 곱셈 레이어 등 레이어 모드를 사용하여 색감 조정을 할 경우 색상 표시가 깨질 수 있습니다. 여기에서는 레이어 모드를 사용할 예정이므로 [RGB 컬러] 모드로 제작했습니다. [인덱스] 모드도 그린 오브젝트의 색상을 크게 변경하기 쉽다는 장점이 있어 평소에는 이 모드를 사용하는 경우가 많습니다. 제작 도중에도 전환이 가능하므로 적절히 사용해도 좋겠습니다.

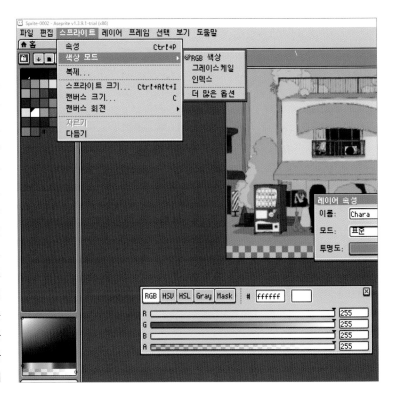

대충 캐릭터를 그렸습니다. Aseprite에는
미리보기 기능(오른쪽 아래 버튼)이 있어
적절히 당겨서 봤을 때의 밸런스를 확인
할 수 있습니다(저는 종종 잊어버리곤 합
니다만). 원래는 배경도 마찬가지로 대충
그려 넣는 것이 작업 효율이 좋겠지만 저
는 캐릭터 그리기부터 진행합니다. 한 군
데만 그려 넣은 부분을 만들어 놓으면 그
에 맞춰서 전체 디테일의 균형도 생각해
볼 수 있습니다.

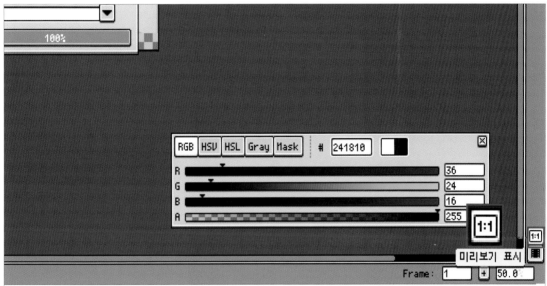

3 레이어에 이름을 붙여 저장하기

캐릭터와 배경을 분리해서 만들기 위해
캐릭터 부분은 레이어를 만들어 저장합니
다. 주의를 기울이기 위해 레이어를 분리
할 때는 가급적 이름을 붙여서 알기 쉽게
만들어야 합니다. 특히 애니메이션을 넣
는 경우 레이어 수가 많아져 복잡해지기
일쑤입니다.

배경의 도트 찍어넣기

캐릭터 부분이 완성되면 배경 부분에 도트를 찍어 넣습니다. 건물이나 식물 등 질감은 다르지만 도트 찍기로도 디테일을 표현할 수 있습니다.

1 건물 그려 넣기

레이어를 바꿔 배경을 그려 넣습니다. 기본적으로는 안쪽 → 앞쪽 순으로 그리는 것이 좋다고 생각하지만, 저는 그다지 신경 쓰지 않고 눈에 띄는 곳부터 그리는 경우가 많습니다. 각자 취향에 따라 그려도 됩니다. 칠하기의 **[레퍼런스 레이어]**를 표시하고 거기서 스포이트로 색상을 집어주세요. 그런 다음 다시 창을 숨기고 선묘 레이어를 밑그림으로 그려 나갑니다.

건물과 같이 좌우 대칭을 것을 그릴 때는 Aseprite에 포함된 보조 툴이 편리합니다. 메뉴의 **[보기]** → **[대칭 옵션]**을 활성화하면 캔버스 위에 버튼이 표시됩니다. 왼쪽부터 **[좌우 대칭축 표시]**, **[상하 대칭축 표시]**, **[대칭 중심 재설정]** 기능입니다. 대칭축을 표시하면 좌우 대칭인 그림을 쉽게 그릴 수 있습니다. 대칭축의 위쪽(아래쪽)에 있는 흰색 사각형을 드래그하여 중심 위치로 옮길 수 있으니 중심의 위치까지 가져와 봅시다. 픽셀 아트에서는 픽셀 수까지 맞춰 좌우대칭으로 만들면 예쁘게 보이므로 꼭 활용해 보시기 바랍니다. 참고로 여기에서는 사용하지 않았지만 상하대칭인 그림을 그릴 수도 있습니다.

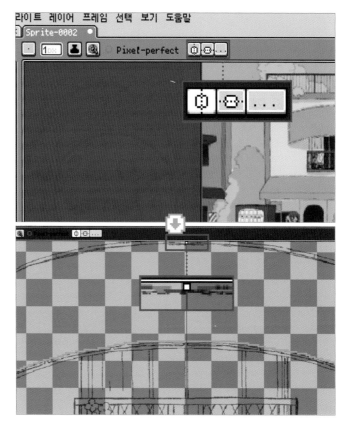

픽셀 아트에서 부드럽게 변화하는 곡선을 그리고 싶을 때는 경사가 '가파르다 → 완만하다'로 갈수록 단차감이 넓게 느껴지도록 하면 깔끔하게 표현할 수 있습니다. 여기에서는 그림에 빨간색 테두리로 표시한 부분을 조금 수정하는 것이 더 매끄럽게 보이네요.

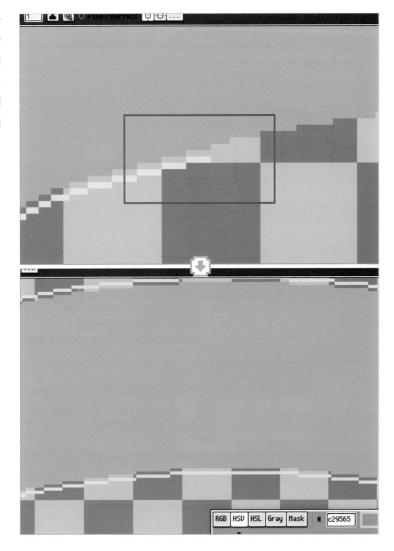

울타리도 마찬가지로 선 대칭 기능을 사용하여 그립니다. 이 시점에서 그림자를 조금 그려 넣었지만, 그림자를 그리는 것은 전체를 그린 후에 해도 괜찮습니다. 앞서 말씀드렸듯이 컬러 툴은 [F4] 키로 불러올 수 있습니다. 그림자 그리는 방법은 P107에서도 설명하고 있습니다.

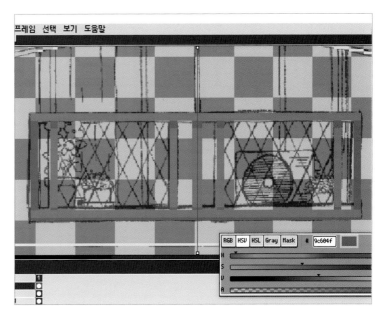

울타리의 세세한 부분을 그립니다. 픽셀 아트의 장점 중 하나가 이런 패턴 무늬를 그리기 쉬운 점이라고 할 수 있습니다. 픽셀 수를 세어 균일한 느낌이 들도록 직선 툴로 그려 나갑니다. 직선 툴은 [Shift] 키를 누른 채로 사용하면 특정 각도로 직선을 그릴 수 있어 이를 활용했습니다.

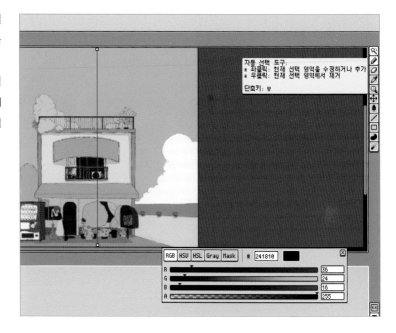

실외기를 그려봅니다. 이번에는 실외기 팬 커버를 가로 줄무늬로 그려 보기로 했습니다.

이런 규칙적인 무늬를 그릴 때는 [Ctrl]+[B] 키로 임의의 브러시를 만들 수 있습니다(Mac의 경우 [Ctrl] 키는 [command] 키입니다). 위에서 말한 키를 누른 후, 브러시로 만들고 싶은 부분을 드래그하여 범위 선택하면 됩니다. 브러시를 만든 후에는 [페인트 통 도구]로 채우고 싶은 부분을 채울 수 있습니다. 이 외에도 [연필 도구]나 [직사각형 도구] 툴에서도 이 브러시 기능을 사용할 수 있으니 사용해 봅시다. 그림을 다 그린 후에는 왼쪽 상단의 [Back] 버튼을 눌러 원래 상태로 돌아갈 수 있습니다.

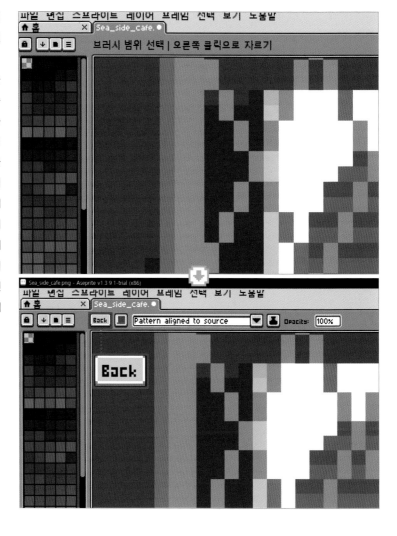

벽돌 무늬도 [브러시] 기능을 활용해 보겠습니다. 아까보다 선택에 다소 요령이 필요하지만, 역시 편리한 기능인만큼 잘 활용하고 싶네요. 이번 그림에서는 사용하지 않았지만, 체크 무늬 타일 패턴 등을 이용한 픽셀 아트 기법 중 하나인 그라데이션도 이 브러시 기능을 사용하면 쉽게 그릴 수 있는 장면이 있으리라 생각됩니다. 벽돌 무늬를 다 그린 후에는 랜덤으로 색이 진한 부분을 채우기 툴로 만들어서 벽돌 느낌을 더 살려 보았습니다.

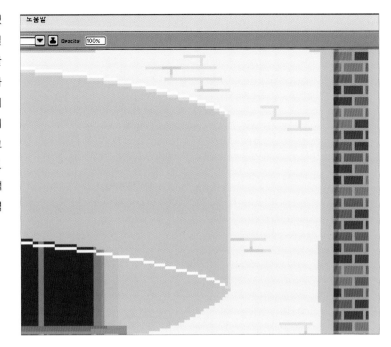

2 : 식물과 자판기 그리기

앞쪽에 있는 식물을 그려봅니다. 이런 세세한 부분을 어떻게 데포르메❖하여 표현할 수 있는지가 픽셀 아트의 재미이자 어려운 점이기도 합니다. 이번에는 색 수를 줄이고, 앤티앨리어싱 등을 사용하지 않고 불규칙한 패턴으로 그려보았습니다. 전체적으로 평면적인 느낌을 주면서 어수선한 느낌을 주고 싶었기 때문이기도 하지만, 색상 수를 늘리고 앤티앨리어싱을 사용해 사실적인 질감을 노려도 좋고, 규칙적인 패턴을 사용해 기호 같은 것을 그려도 좋다고 생각합니다. 완성된 이미지를 의식하면서 자유로운 발상으로 그려보세요.

❖ 데포르메: 어떤 대상의 형태가 달라지는 일. 또는 달라지게 하는 일.

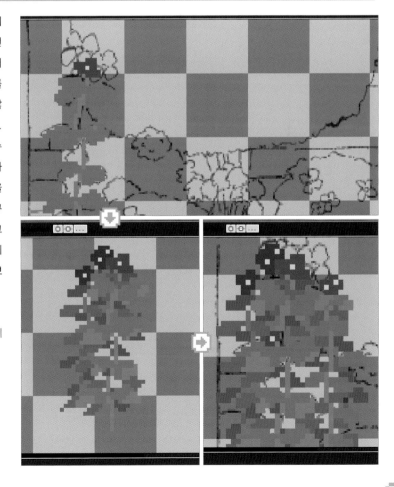

갑자기 자판기를 그렸습니다. 식물을 그리는 것이 생각보다 어려웠기 때문입니다. 저는 이렇게 꽤나 무작정 이리저리 그리는 장소를 바꾸는 편입니다. 필시 나쁜 습관이라서 참고하지 않는 것이 좋겠지만, 하루 종일 그림을 그릴 때나 어떤 부분에서 막혔을 때 다른 것을 그리는 것도 기분 전환에 도움이 될 수 있을 것 같습니다!

자, 자판기 말인데요, 실존하는 것을 모델로 삼아 그렸습니다. 이것도 역시 실제처럼 보이기 위해 필요한 부분은 무엇이고, 반대로 축소해도 되는 부분은 어디인지 생각하면서 데포르메합니다. 그릴 때는 확대해서 그리기 때문에 잘 모르지만, 축소해서 보면 그럴듯하게 보이는 경우가 많습니다. 가끔씩 당겨서 보는 것을 잊지 말고 그려 나가 봅시다.

다시 한 번 식물을 그려보았습니다. 식물은 종류에 따라 그림자 그리는 방법이 달라집니다. 고민이 될 때는 그 식물을 단순화한 입체 도형(예를 들어 구 또는 원뿔 등)으로 바꿔서 생각해 보면 좋을 것 같습니다. 사실 이 부분은 저도 아직 고민하는 경우가 잦아 더 노력해야겠다는 생각을 합니다. 참고로 배경의 건물 벽돌 부분도 앞서 말한 [브러시] 기능을 사용했습니다.

캐릭터 레이어를 일단 비활성 상태로 한 다음 건물 옆의 식물 등을 그려 나갑니다. 대략적인 실루엣만 그렸지만, 사실 그림의 중심이 되는 부분이 아니기 때문에 굳이 많이 그리지 않습니다. 이는 픽셀 아트에 국한된 얘기가 아니라 보여주고 싶은 부분과 그림의 핵심이 되는 부분을 의식하고 디테일의 균형을 조정해 보세요.

3 : 인물과 배경의 균형 조정하기

여기까지 그렸을 때 초안에서 보이지 않았던 인물과 다른 사물과의 균형이 맞지 않는 것이 신경 쓰여서 수정하고 있습니다. **[범위 선택]**으로 인물의 윗부분을 잘라내어 조금 아래로 이동시켜 이음새 등을 정리했습니다. 이런 사후 수정이 비교적 쉬운 것도 픽셀 아트의 장점입니다. 이번에는 평행 이동으로 수정했지만, 마찬가지로 범위 선택에서 확대/축소 등을 이용해 밸런스를 맞추는 것도 어렵지 않습니다. 밸런스가 신경 쓰인다면 망설이지말고 수정해 보시기 바랍니다.

건물 옥상의 울타리도 그려나갑니다. 이
것도 같은 간격으로 늘어선 직선이기 때
문에 [브러시] 기능을 이용했습니다. 개인
적으로 [브러시] 기능은 Aseprite를 사용
하는 이유라고 해도 좋을 정도로 편리한
기능이라고 생각합니다.

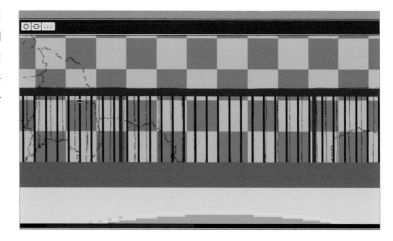

아직 그리지 않은 부분도 많지만, 파란색
이 너무 보고 싶어서 배경을 그렸습니다.
단색 배경이라 금방 끝내고 다시 옥상 식
물로 넘어갔습니다. 이 부분도 그림의 메
인이 아니기 때문에 디테일을 많이 빼고
실루엣을 만드는 느낌으로 그렸습니다.

배경에 있는 건물도 그립니다. 앞서 말한 대로 너무 세밀하게 그리지 않습니다. 최종적으로 어느 정도까지 그릴 것인지는 전체를 보고 나서 생각해도 괜찮습니다. 지금까지의 내용을 정리하면 제 경우 '보여주고 싶은 부분은 다른 생각 않고 그려 넣어도 되지만, 그 외의 부분은 전체를 보고 나서 그려야 한다'는 마음가짐으로 그림을 그리는 것 같습니다.

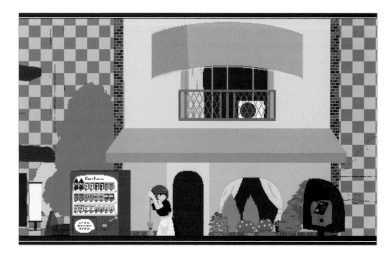

COLUMN **그림자 그리는 방법**

다음 페이지부터는 그림자를 그려 나갑니다. 그림자 색상을 선택할 때는 ❶원래 색상에서 약간 파란색에 가깝게 ❷채도를 조금 높이고 ❸명도를 약간 낮추는 순서로 만들고 있습니다. 제 화풍이 그다지 선명하지 않기 때문에 변화도 작지만, 픽셀 아트의 경우 콘트라스트를 강하게 하기 위해 앞의 변화를 크게 하는 것이 더 그럴 듯해집니다. 취향에 따라! 또한 ❷의 채도는 반대로 조금 낮추는 것이 좋은 경우도 있으니 적절히 조절해 보시기 바랍니다.

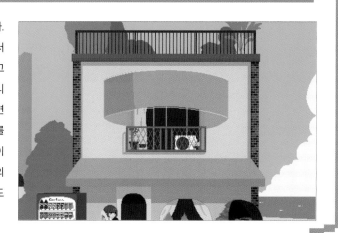

STEP 04 : 페인트 툴과 조합하여 마무리하기

마무리로 레이어 기능으로 그림자 부분을 추가하거나 색조 부분을 조정하여 전체를 다듬어 나갑니다. 필요하면 다시 페인팅 소프트웨어로 돌아가서 미세 조정을 하면 완성됩니다.

1 곱셈 레이어 설정

전체가 어느 정도 완성되었으므로 본격적으로 그림자를 추가해 봅니다. 새 레이어를 만들고 속성에서 레이어 모드를 [곱하기]로 설정하고 불투명도를 원하는 값으로 낮춥니다. 이 신규 레이어는 2가지 방법으로 만들 수 있습니다. 첫 번째, 모든 레이어의 맨 위에 만들어 그리는 방법, 두 번째, 그림자를 붙이고자 하는 레이어 바로 위에 만드는 방법이 있습니다. 저는 두 번째 방법을 주로 사용합니다. 그 이유는 레이어 관리를 잘 못해서 레이어가 많아지면 복잡해지기 쉬운데다, 적절히 레이어를 병합하면 스포이트 툴이 다루기 쉬워지기 때문입니다. 그만큼 나중에 수정이 어려워지는 단점도 있으니 취향에 따라 적절히 사용하시기 바랍니다.

곱셈 레이어로 그림자를 만들 때는 보라색에 가까운 파란색을 사용했습니다. 이 부분은 취향에 따라 선택해도 좋지만, 우선은 파란색 계열 색상을 사용해 보시기를 추천합니다. 채도를 높이면 과감한 느낌으로, 낮추면 차분한 느낌으로 연출할 수 있습니다.

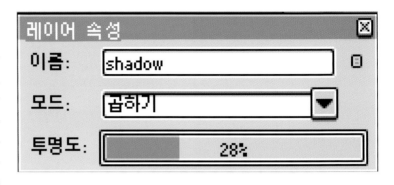

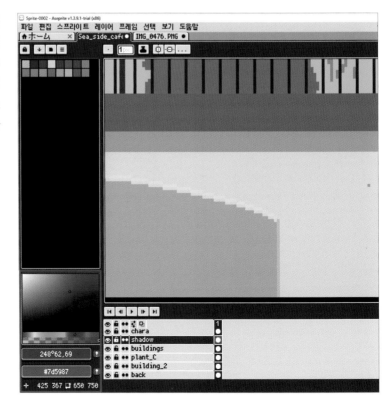

2 그림자 드리우기

전체에 조금씩 그림자를 그려 넣었습니다. 픽셀 아트의 특성상 흐릿한 그림자보다는 선명한 그림자가 그리기 쉽습니다. 그림자 그리기를 연습할 때는 맑은 날의 풍경 등을 모방해 보는 것도 좋을 것 같습니다.

곱셈 레이어를 이용해 식물을 조금 더 그려 넣습니다. 앞서 말했듯이 픽셀 아트는 명암이 뚜렷한 것이 더 잘 어울리므로 그림자는 조금 어둡게 그려도 괜찮다고 생각합니다(이 그림에서는 그렇게 강한 명암으로 그리지는 않았지만요...).

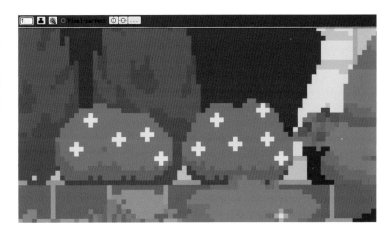

세세한 부분이지만, 창문에 적힌 가게의 로고를 그려봅니다. 이번에는 신규 레이어를 만들고, 레이어 모드는 보통, 불투명도를 임의의 값으로 낮춰서 그렸습니다. 이렇게 하면 유리의 투명한 느낌을 재현할 수 있습니다. 다양한 장면에서 응용할 수 있을 것 같으니 여러 가지 시도를 해보시기 바랍니다.

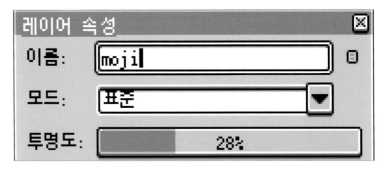

건물 전면의 벽이 허전해서 벽돌 무늬를 그려봤습니다. 뚜렷한 벽돌 무늬가 아니라 곳곳에 얼룩이나 그림자처럼 떠오르는 이미지를 그렸습니다. 다른 벽돌 무늬 부분과 질감 차이가 나지 않나요? 픽셀 아트는 너무 선명하게 그리면 화면이 산만해지는 경우가 많아서 이런 뺄셈 발상도 도움이 될 것 같습니다.

여담이지만, 게임보이 어드밴스 시절의 게임 등에서 이런 표현을 자주 볼 수 있었기 때문에 저는 그쪽을 참고하고 있습니다.

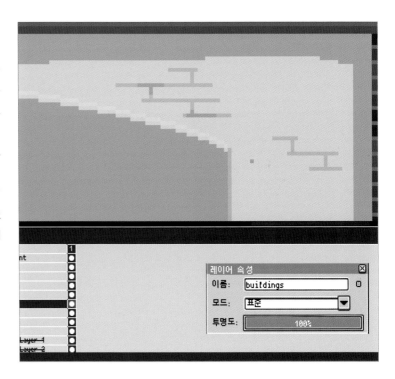

4 페인팅 소프트웨어로 조정하기

이제 전체가 다 보이기 시작했습니다. 방금 전의 벽면 무늬도 그렇고, 그림자 등을 그릴 때 어느 정도 랜덤한 부분을 만들면 좀 더 픽셀 아트 같은 느낌이 날 것 같습니다. 전체적인 형태를 미세하게 조정하면서 CLIP STUIDO PAINT로 넘어가서 색상 밸런스를 더욱 조율해 갑니다.

저는 주로 클립 스튜디오로 색감 조정을 하고 있습니다. 같은 기능을 갖춘 소프트웨어라면 무엇이든 상관없다고 생각합니다. Aseprite 내에서도 조정할 수 있지만, 저는 클립 스튜디오에 익숙해져 있기 때문에 이용하고 있습니다. 색조, 콘트라스트, 컬러 밸런스 세 가지를 기준으로 조정합니다. 그림 상태에 따라 조정 방법이 달라지기 때문에 일률적으로 말할 수는 없지만, 기본적으로 어두운 색은 파란색이 강하고 밝은 색은 노란색이 강해지도록 조정하면 좋은 색감을 얻을 수 있는 경우가 많습니다. 이때 주의할 점은 너무 큰 변화를 주면 오히려 보기 힘든 그림이 될 수 있으니 정말 미세하게 조정하는 정도로만 하는 것이 좋습니다.

색상/채도/명도

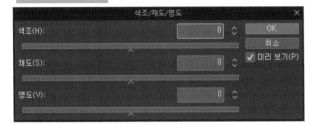

컬러 밸런스

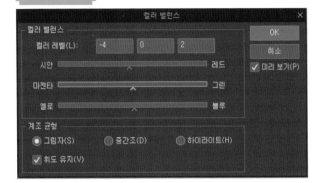

밝기/대비

색감 조정이 끝나면 파일을 내보내기 하고 Aseprite로 돌아옵니다. 애니메이션을 적용할 때는 레이어별로 내보내기 하지만, 이번에는 한 장짜리 그림이므로 레이어를 합친 상태로 내보내기 했습니다. 여기서 더 세세한 조정이나 깜빡 그리지 않은 오브젝트 등을 그려 넣습니다. 한 장의 레이어로 만들면 스포이트 툴을 활용하면서 고민없이 쓱싹쓱싹 그려 나갈 수 있어서 기분 좋습니다. 사실은 레이어 관리를 잘 하는 것이 더 효율적이지만 말입니다.

5 디테일한 부분을 마무리 지어 완성

칠하지 않은 부분, 잊고 그리지 않은 부분 등을 꼼꼼하게 채워 넣습니다. 또한 앞에서 언급한 주제가 아닌 부분도 전체 밸런스를 보면서 그려 넣습니다.

전체적인 색감을 통일하기 위해 [오버레이] 모드로 신규 레이어를 만들고 불투명도를 상당히 낮춘 상태에서 임임의 색상을 전체에 덧칠합니다.

이 작업은 필수는 아니지만, 그림에 공기감을 더할 수 있기 때문에 마무리 작업으로 하는 경우가 많습니다. 이번에는 전경에 노란색을, 배경에 파란색을 얇게 덧칠했습니다. 비교해보면 아시겠지만, 정말 눈에 띄지 않을 정도로 아주 살짝만 덧칠했습니다.

오버레이 레이어 없음

오버레이 레이어 있음

앞 페이지까지로 완성된 줄 알았는데, 전체적으로 밋밋한 느낌이 들어 1층 텐트 부분에 색과 스트라이프 무늬를 넣는 수정을 합니다. 색과 무늬가 더해지면서 입체감과 픽셀 느낌도 살아났습니다.
이것으로 완성입니다. 수고하셨습니다!

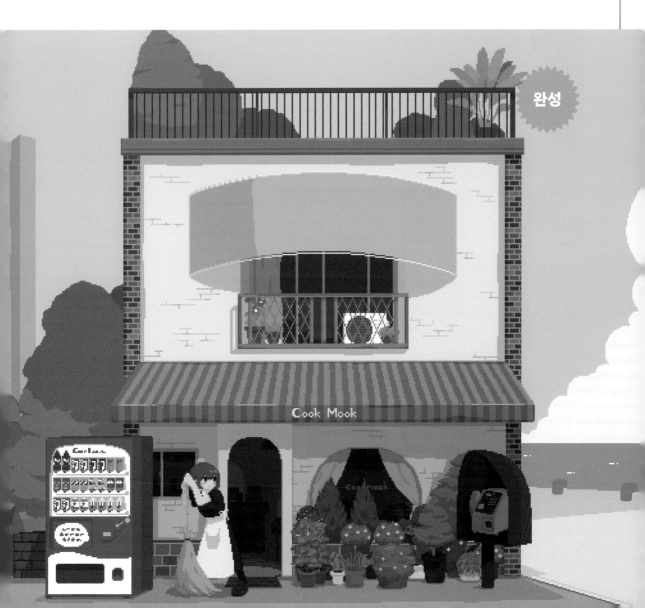

CHAPTER

픽셀 아트
고급편

마지막 장에서는 주로 포토샵을 사용한 방법을 소개합니다. 픽셀 아트에 특화된 툴은 아니지만, 풍부한 기능을 조합하면 재미있는 표현을 많이 만들 수 있습니다. 또한 Animate와 같은 애니메이션 전문 툴과 함께 사용하면 게임 화면과 같은 애니메이션을 만들어 볼 수도 있습니다. 지금까지의 테크닉을 흡수하여 자신만의 픽셀 아트를 만들어 봅시다!

포토샵으로 오브젝트 소재를 조합한
산수화풍 픽셀 아트 만들기

픽셀 아트 자체는 전용 툴이 아니어도 만들 수 있습니다. 포토샵은 기능도 풍부하기 때문에 유용한 기능을 조합한 기법을 살펴봅시다.

해설	**Zennyan**
사용 툴	포토샵
X	@in_the_RGB

픽셀 아트의 매력은

픽셀 아트는 누구나 쉽게 시작할 수 있습니다. 그림을 한 번도 그려본 적이 없는 사람이나 그림을 잘 그리지 못하는 사람이라도 픽셀 아트의 제한이 주는 형식미를 통해 아름다운 그림을 그릴 수 있습니다. 그만큼 개성을 살리거나 아름다움을 한층 더 추구하기 위해서는 창의력이 많이 필요합니다. 이런 바닥 없는 늪에 무심코 빠져들게 만드는 것이 픽셀 아트의 매력입니다.

이번 작품에 대해

픽셀 아트의 역사를 따라가다 보면 지금까지 시행착오를 겪어온 다양한 아름다운 형식을 볼 수 있습니다. 지금도 새로운 기술과 결합하여 형식을 확장하는 작품들이 탄생하고 있는데, 포토샵에는 기존의 픽셀 아트에는 필요 없는 기능들이 많기 때문에 그 중 일부를 도입한 특수한 기법으로 제작해 보았습니다.

STEP 01 : 포토샵 설정

포토샵은 픽셀 아트에 특화된 도구는 아니지만, 몇 가지 설정을 변경하면 쉽게 픽셀 아트를 만들 수 있습니다. 먼저 일반적인 픽셀 아트 제작에 필요한 설정을 해봅시다.

1 포토샵

포토샵을 실행한 후 상단 메뉴 바에서 **[파일]** → **[새로 만들기]**를 선택합니다. 여기서 폭과 높이 단위를 픽셀로 설정하고 24×24 픽셀로 작은 캐릭터 그림을 그려보겠습니다. 포토샵은 비트맵 이미지(점의 집합으로 이루어진 이미지)를 다루는 도구이므로 캔버스 크기를 작게 설정하면 도트 그림을 그릴 수 있습니다.

오른쪽 하단의 [+] 버튼에서 캐릭터용 레이어를 추가합니다.

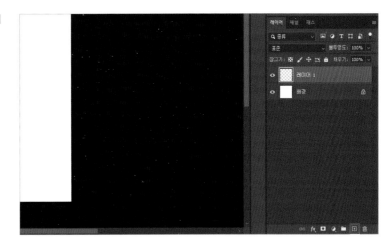

왼쪽 툴 바에서 브러시 도구를 선택하고 길게 눌러 연필 도구로 변경합니다. 지름을 1px로 설정하면 1px씩 그림을 그릴 수 있습니다❶. 오른쪽 상단의 색상 창❷ 에서 색상을 선택하여 원숭이 그림을 그려 나갑니다.

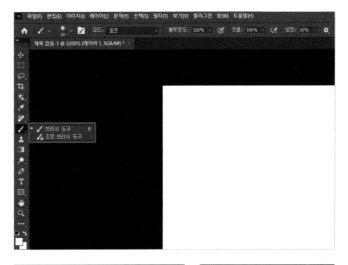

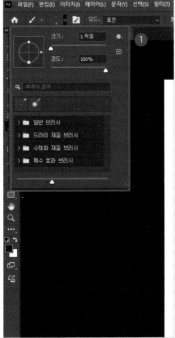

마찬가지로 툴 바에서 지우개 도구를 선
택하고 왼쪽 상단의 모드를 연필 모드로
변경합니다. 이제 1px씩 수정할 수 있습니
다.

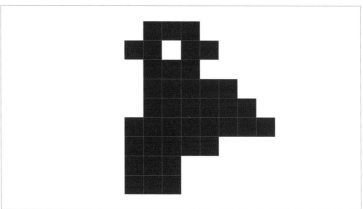

배경을 채울 때는 툴 바에서 페인트 통 도
구를 선택합니다❸. 이때 위의 앤티 앨리
어스를 체크 해제해 둡니다❹. 이번에는
레이어가 배경과 캐릭터로 나뉘어져 있기
때문에 문제가 없지만, 같은 레이어 내의
색면을 채울 때 윤곽선을 선명하게 채울
수 있습니다.

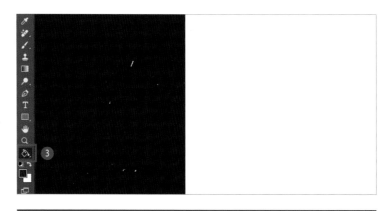

---

2 표시 설정

기본값은 픽셀 사이에 격자가 표시되어
있지만, 메뉴 바에서 [보기] → [표시] →
[픽셀 격자]의 체크를 해제합니다.
[픽셀 격자]의 체크를 해제하여 숨길 수
있습니다. 작업 중 그림이 잘 보이지 않는
다면 여기서 변경해 보세요.

나중에 이미지 확대/축소 등을 할 때를 대비해 미리 설정을 변경해 둡니다. [포토샵] → [환경 설정] → [일반](Windows의 경우 [편집] → [환경 설정] → [일반])을 선택합니다.

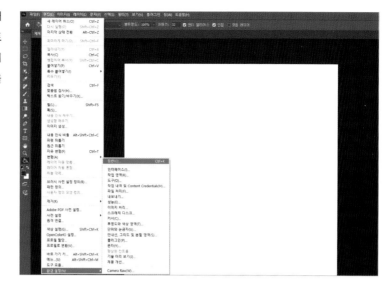

다음으로 표시된 창에서 이미지 보간 형식을 [쌍입방 자동]에서 [최단입점]으로 변경합니다. 이렇게 하면 다양한 장면에서 윤곽이 흐려지지 않게 됩니다.

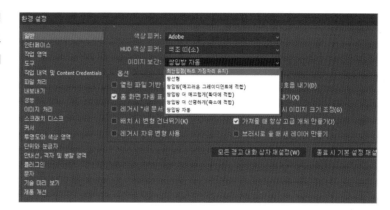

3 내보내기 설정

그림이 완성되었으면 이미지를 내보내기 해보겠습니다. 이번에 만든 데이터는 크기가 매우 작기 때문에 확대해 이미지를 내보내기 합니다. 메뉴바에서 [파일] → [내보내기] → [웹용으로 저장]을 선택합니다.

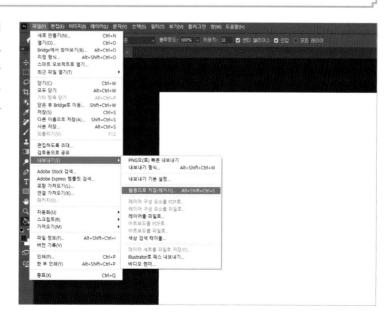

오른쪽 상단의 프리셋을 [PNG-24]❶ 로
설정하고 오른쪽 하단의 퍼센트로 확대율
을 선택합니다. 이번에는 4000%로 설정
해 보았습니다❷. 이때 화질이 최단입점
방식으로 설정되어 있는지 확인합니다.
이렇게 내보내기 하면 아이콘 등에 사용
할 수 있는 이미지를 만들 수 있습니다. 데
이터는 [파일] → [다른 이름으로 저장]에
서 PSD 형식으로 저장해 둡시다.

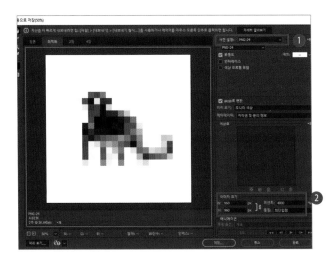

STEP 02 　노이즈를 이용해 나무 그리기

포토샵의 노이즈 기능은 레트로풍의 가공이나 손상된 분위기를 연출할 수 있는데, 여기서는 픽셀 아트에서 활용하는 방법을 소개합니다.

1 　화면에 노이즈 추가

이번에는 조금 색다른 방법으로 나무를
그려봅시다. 캔버스 크기를 120×120px
로 크게 설정하고 작업해 보겠습니다. 레
이어를 추가하고 원하는 모양을 그립니
다.

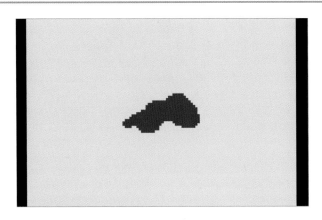

메뉴바에서 [필터] → [노이즈] → [노이즈
추가]를 선택합니다.

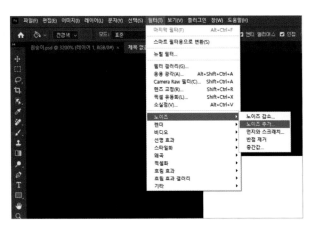

분포 방법은 [균일]을 선택하고❶, [단색] 에 체크하고❷, 노이즈의 양을 조절해 봅시다. 여기서는 5퍼센트로 설정했습니다.

2 자동 선택 도구로 임의의 모양으로 잘라내기

툴 바에서 [자동 선택 도구]를 선택합니다. 위의 옵션 바의 [인접]을 체크 해제하여❶, 선택한 색상과 같은 레이어에 있는 모든 동일한 색상의 픽셀을 선택할 수 있도록 합니다.

[샘플 크기]는 [포인트 샘플]로 설정하고 [허용치]를 5로 설정합니다❷. 설정이 완료되면 노이즈가 있는 이미지에서 원하는 색상의 픽셀을 선택하고 클릭합니다. 그러면 선택한 픽셀에 가까운 색을 얼룩으로 선택할 수 있습니다.

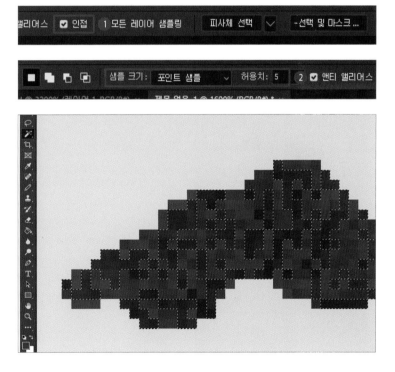

선택된 상태에서 [Delete] 키를 누르면
선택 영역을 지울 수 있습니다.

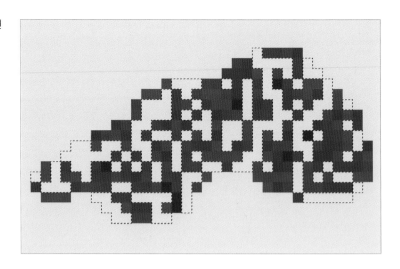

3 : 나무 줄기를 그리고 잎사귀 모양 만들기

방금 만든 이미지를 나무의 잎사귀처럼
보이도록 나무 줄기를 그려 넣습니다. 잎
모양을 좀 더 잎사귀처럼 보이도록 다듬
어 줍니다. 주로 가장자리에 있는 잎이 뾰
족하게 뻗어 나가는 느낌이 들도록 합니
다. 여기서 손을 너무 많이 대면 재미가 없
어지므로 원래의 왜곡된 형태를 살리면서
조정합니다. 여기서 소개한 것은 매우 특
수한 그리기 방법이라고 생각합니다. 모
든 것을 일방적으로 통제하는 것이 아니
라 컴퓨터와 대화하면서 그림을 그리고
싶어서 이런 기법을 도입했습니다.

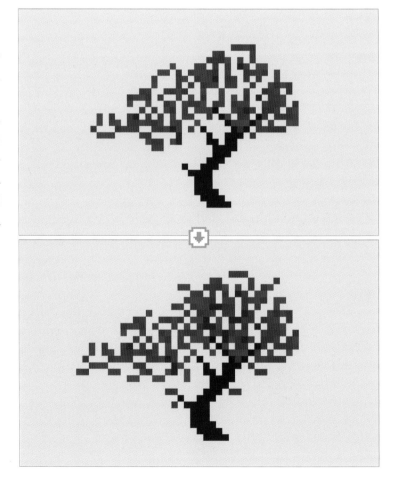

STEP 03 : 이미지 손실 값을 높여 암석 그리기

이미지의 손실 값을 높여 내보내기 하는 방법을 소개합니다. 도트풍의 그림체 그대로 그리면 표면이 밋밋한 느낌을 주는 부분도 질감 등 디테일을 표현할 수 있습니다.

1 : 바위의 거친 부분 그리기

이번에도 특별한 방법으로 바위를 그려봅시다. 새로운 레이어를 만들고 5가지 색상으로 바위의 대략적인 형태를 그립니다. 왼쪽 상단에 빛을 설정하고 명암을 사용하여 입체적인 구조를 표현합니다. 이 때는 [연필 도구]의 크기를 2px 정도로 설정하고 작업합니다.

[연필 도구]를 1px로 되돌리고 외경을 조정합니다. 바위의 거친 질감도 조금 더 그려 넣습니다.

2 : 손실 값을 높여 이미지 내보내기

여기까지 그렸으면 이미지 화질을 일부러 낮춰 봅시다. 메뉴 바에서 [파일] → [내보내기] → [웹용으로 저장]을 선택합니다.

창 오른쪽 상단의 사전 설정을 [GIF 128 디더 없음]으로 설정합니다.

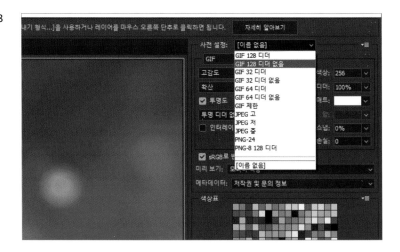

[손실]라는 항목이 있어 거기서 값을 조정하면 이미지에 노이즈가 발생하게 됩니다 ❶. 이 값을 변경하면 노이즈가 들어가는 정도가 달라지므로 원하는 값을 입력해 주세요. 여기서는 값을 73으로 설정했습니다(**A**). 값이 정해지면 gif 이미지를 100퍼센트 크기로 내보냅니다(**B**).

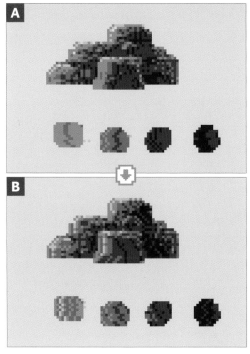

3 이미지를 불러와서 필요한 부분 잘라내기

내보내기한 이미지를 문서 내(중앙의 이
미지가 표시되는 위치)로 드래그 앤 드롭
합니다.

이 상태로는 편집할 수 없으므로 오른쪽
하단에서 불러온 이미지의 레이어를 마우
스 오른쪽 버튼으로 선택하고 **[레이어 래
스터화]**를 선택합니다.

지금은 배경이 함께 통합된 상태이므로
선택 도구로 배경 부분을 선택하고
[delete] 키로 지웁니다.

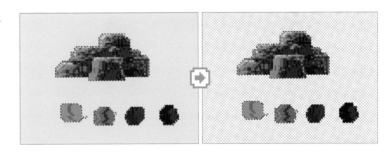

레이어를 정리한 후 이미지의 깨진 부분
이나 세세한 부분을 수정하면 완성입니
다. 이제 이미지 열화를 통해 바위 표면의
질감이나 이끼가 미끄러진 듯한 질감을
표현할 수 있게 되었습니다.

지금까지 그린 캐릭터, 나무, 바위 부분을 조합합니다. 포토샵은 레이어로 관리할 수 있기 때문에 위치, 크기 등을 조정하고 배치를 고려하여 세부적인 부분을 추가합니다.

1 다른 PSD 파일의 레이어 이동하기

지금까지 만든 소재를 조합해 봅시다. 포토샵에서는 여러 PSD 파일 간에 레이어 데이터를 쉽게 주고받을 수 있습니다. 앞서 만든 나무 및 바위 파일과 처음 만든 캐릭터 파일을 동시에 엽니다. 캐릭터가 그려진 레이어를 드래그 앤 드롭으로 왼쪽 상단의 나무와 바위가 그려진 PSD 파일의 탭 위로 가져갑니다.

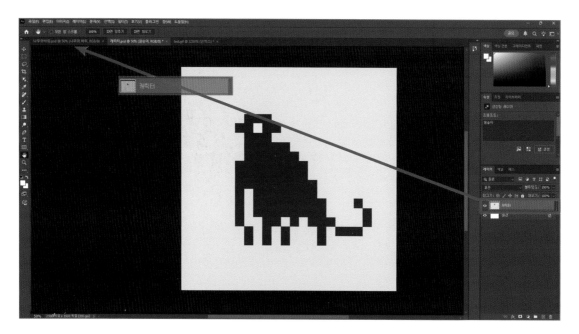

탭이 전환된 후 놓으면 해당 레이어가 복사됩니다. 드래그 앤 드롭이 아닌 복사 후 붙여넣기로도 이동이 가능합니다.

이동이 완료되면 방금 전의 소재를 조합
하여 배치해 봅시다. 소재의 미세한 위치
조정은 왼쪽 상단 툴 바의 상단 **[이동 도
구]**를 통해 할 수 있습니다.

2 작은 바위와 풀 추가

중앙의 큰 바위 주변에 작은 바위를 그립
니다. 큰 바위와 같은 색으로 그리고 싶어
스포이트 툴을 사용합니다. 왼쪽 툴 바에
서 **[스포이트 도구]①**를 선택하고 이미지
에서 원하는 색상을 선택합니다. 이때 옵
션 바의 **[샘플 범위]**를 **[포인트 픽셀]**로 설
정합니다②. 이렇게 하면 선택한 한 점의
색상을 정확하게 선택할 수 있습니다. 큰
바위의 색을 선택하면서 주변의 작은 바
위를 그립니다. 풀은 다른 색으로 그려 넣
었습니다.

지면을 수면으로 설정하고 바위의 반사광을 추가해 봅시다. 오른쪽 하단의 레이어 패널에서 작은 바위 레이어 위에 우클릭하고 [레이어 복제]를 선택합니다❶. 그러면 동일한 레이어가 복제되므로 복제된 레이어를 원래 레이어 아래로 이동합니다 ❷ .

툴 바 위에서 두 번째와 세 번째 선택 도구 중 하나를 선택한 상태에서❸ 이미지 위(어느 위치든 상관없습니다)에서 마우스 오른쪽 버튼을 클릭하고 [자유 변형]❹을 선택합니다.

화면에 사각형 가이드가 나타나면 다시 우클릭하고 [세로로 뒤집기]❺를 선택합니다.

그런 다음, 뒤집힌 각각의 바위를 원래의
바위 위치에 맞추어 봅시다. 선택 도구로
작은 바위 중 하나를 선택합니다. 선택된
상태에서 이동 도구로 전환하여 이미지를
이동합니다❺. 같은 방법으로 모든 바위
를 이동합니다(🅐).

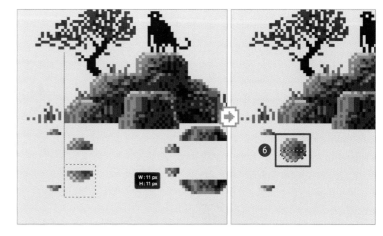

오른쪽 하단의 레이어 패널에서 반사 레
이어의 불투명도를 조절하여 반투명하게
만듭니다❼. 같은 방법으로 큰 바위 레이
어를 복제하고 뒤집어 반투명하게 만듭니
다.

이대로는 반사되는 크기가 너무 커서 조
정합니다. 선택 도구에서 이미지에서 마
우스 오른쪽 버튼을 클릭하고 [자유 변형]
을 선택한 후 직사각형 가이드의 아래쪽
가장자리 중앙에 있는 흰색 사각형 아이
콘을 [Shift] 키를 누른 상태에서 위로 드
래그합니다(B). 크기 조정이 끝나면 수면
의 빛을 추가합니다(C).

4 그라데이션으로 안개가 자욱한 분위기를 연출

큰 바위와 작은 바위 사이에 레이어를 추
가하고❶, 툴 바에서 그라데이션 툴을 선
택합니다.
툴 바에서 그라데이션 툴을 선택합니다
❷.

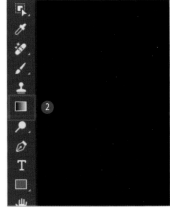

옵션 바의 5개의 작은 사각형 아이콘 중 두 번째 아이콘을 선택하고❸, 몇 군데에서 원형 그라데이션 3을 적용합니다. 불투명도는 30퍼센트 정도로 조절합니다. 색상은 배경과 같은 색을 선택합니다. 이렇게 하면 앞의 작은 바위와의 원근감을 연출할 수 있습니다. 또한 앞쪽의 작은 바위에서도 미세 조정을 위해 부드럽게 그라데이션을 적용합니다.

바위 위의 원숭이가 가장 돋보이게 하기 위해 다른 부분의 대비를 약화시키도록 조정합니다.

요소는 매우 단순하지만 배경의 여백이 공간으로 느껴지는 한 장의 그림으로 완성되었습니다.

작은 소재라도 그것들을 조합하면 무한하게 큰 형태로 확장할 수 있습니다. 단조로워지지 않도록 조합 패턴을 바꾸면서 파츠를 추가하거나 삭제해가며 다양성을 줍니다.

1 소재를 여러 가지 패턴으로 만들기

지금까지 만든 바위, 나무, 원숭이 이 세 가지를 기본 요소로 삼아, 이번에는 더 큰 바위산을 만들어 봅시다. 이전까지의 방식대로 각각의 소재를 여러 패턴으로 만들어두면 그것들을 조합해서 더 큰 구조물을 만들 수 있습니다. 선택 도구를 사용해 일부를 잘라내거나 같은 파츠를 복제해서 퍼즐처럼 조립해보세요. 맵 칩(map chip) ❖을 활용한 구조물 제작을 보다 불규칙하게 표현하는 느낌으로 접근하면 좋습니다.

❖ 맵 칩: 주로 게임 제작, 특히 2D 게임에서 맵을 구성하는 작은 조각 이미지들

2 더 복잡한 구조물로 발전시키기

기본 요소는 바위와 나무지만, 그 사이사이에 인상적인 오브젝트를 배치함으로써 독특한 특징을 만들어갑니다. 이번에는 '노이즈의 폭포'를 테마로 거대한 폭포와 비디오 모니터처럼 보이는 오브젝트를 배치했습니다. 배경에는 멀리 있는 산과 달을 추가하여 더 웅장한 공간을 연출하고 있습니다.

단순한 테크닉 몇 가지밖에 없더라도 아이디어와 창의성만 있다면 얼마든지 독창적인 세계관을 펼칠 수 있다는 것이 도트 그림의 매력 중 하나라고 생각합니다. 이번에 배운 것을 계기로 꼭 자신만의 세계관을 표현해보세요!

완성

COLUMN 이번 기법이 사용되고 있는 작품군

산수화나 일본 정원의 분위기를 참고하여 이번에 만든 것과 같은 바위산을 배치하고 있습니다. 격자(그리드) 등은 따로 사용하지 않고, 직관적이고 모호한 '間(간)'❖을 살려 구성하고 있습니다.

일본 정원의 4대 요소인 물, 돌, 식재, 경물(景物)은 이 시리즈에서도 중요한 구성 요소이며 '인공과 자연' 혹은 '의도와 무의도' 사이의 경계를 탐구하는 작품들로부터 강한 영향을 받고 있습니다. 이러한 맥락에서 노이즈나 글리치 기법도 적극 활용하고 있습니다.

그림 전체를 완벽하게 통제하기보다는 컴퓨터가 지닌 고유한 성질을 해방시키고 컴퓨터와의 상호작용을 통해 자연을 그려내는 방식을 취하고 있습니다. 이러한 이미지 구성 시스템은 AI나 기계학습 기반의 자동 생성과도 상성이 좋을 것으로 보이며 향후 게임 소재 생성 등의 분야에도 응용할 수 있기를 기대합니다.

❖ 간: 일본어에서 사이 간(間) 자는 여러 의미를 지닌다. 공간적인 의미에서의 '사이' 또는 '간격', 시간적인 간격인 '동안', 정서적 및 감각적인 의미인 '여유'나 '빈틈', 관계를 나타내는 '사이' 등이 그것이다. 여기에 실린 작품들은 대부분이 이 4가지 모두를 포함한 것이 아닐까 유추해본다.

포토샵으로 레트로 스타일의
픽셀 아트 애니메이션을 만들어보자

추억의 비디오 게임 화면처럼 연출된 무대를 만들고, 그것을 애니메이션으로 움직이는 방법을 해설합니다. 난이도는 높지만, 여기서 제작한 파일은 부록 다운로드 데이터에서도 참고할 수 있습니다.

해설	**m7kenji**
사용 툴	포토샵 /Animate
X	@m7kenji

픽셀 아트의 매력은

복잡한 현실의 요소가 단순하게 정리되어 마치 기호나 마크처럼, 보는 사람에 따라 다양한 이미지를 떠올릴 수 있게 되는 점에서 매력을 느낍니다.

이번 작품에 대해

'픽셀 아트'라고 하면 게임을 떠올리는 분들이 많지 않을까요? 자신이 만든 캐릭터가 액션 게임처럼 무대 위를 폴짝폴짝 뛰어다닌다면 정말 재미있겠죠. 프로그래밍을 짜는 건 진입장벽이 높을 수도 있지만, 애니메이션으로 움직임만 주는 건 훨씬 부담이 적다고 생각합니다. 꼭 자신이 좋아하는 캐릭터가 모험을 떠날 수 있게 해보세요.

STEP 01   게임 같은 픽셀 아트로 보이게 하려면?

제작에 들어가기 전에 레트로 게임적인 표현의 제약에 대해 생각해 보는 게 좋을 것 같습니다. 옛날 게임들은 하드웨어 성능이 지금처럼 좋지 않았기 때문에 다양한 창의적인 방식으로 그래픽을 만들어냈습니다. 완벽하게 재현하는 건 어렵지만, 어느 정도 제약을 설정하면 레트로 게임 특유의 표현 방식에 더욱 설득력이 더해진다고 생각합니다

1   퍼즐 조각처럼 생각하자

옛날 게임은 카세트 같은 저장 매체의 용량이 지금과 비교할 수 없을 정도로 작았기 때문에, 프로그램이나 사운드 뿐 아니라 그래픽 역시 얼마나 작은 용량으로 다양한 그림을 표현할 수 있는지가 중요했습니다. 그래서 자주 사용된 방식이 바로 '맵칩'이라 불리는 기법이었죠.

도식에서 보이듯이 최소 단위의 파츠들을 퍼즐처럼 조합하여 이미지를 만들어냈습니다.

이처럼 나무나 구름 등도 파츠 단위로 정렬해 반복적으로 사용할 수 있는 도장(stamp)처럼 구성하면 더 게임스러운 표현이 됩니다.

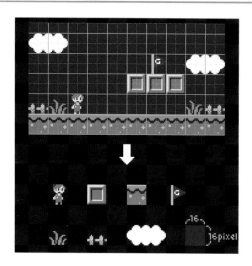

2 사용할 색을 제한해보자

사용할 색의 수를 제한해보는 것도 좋습니다. 예를 들어 과거의 어떤 비디오 게임기는 하나의 파츠나 캐릭터당 사용할 수 있는 색이 투명색을 포함해 4색 뿐이었습니다. 물론 실제 기기에서 재생하는 것이 아니므로 그 기준을 엄격히 따를 필요는 없지만, 비슷한 색은 하나로 통일하거나 전체적으로 사용하는 색을 정리해주면 복잡한 인상을 줄이고 조화로운 그림이 됩니다.

게임기에 사용되었던 컬러 팔레트를 재현한 팔레트를 사용하는 것도 좋고, 익숙해지면 자신만의 오리지널 컬러 팔레트를 만들어보는 것도 좋습니다.

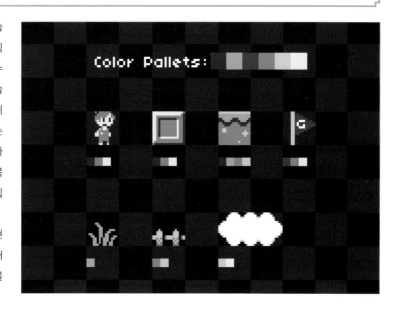

3 픽셀 퍼펙트란

픽셀 퍼펙트란, 예전 게임처럼 1픽셀 1픽셀이 그림처럼 어긋남 없이 해상도가 통일된 상태로 화면이 구성되어 있는 것을 말합니다(○의 예). 일반적인 영상 소프트웨어에서 별다른 설정 없이 픽셀 아트를 움직이게 하려면 전용 툴이 아니기 때문에 픽셀의 어긋남이나 이미지 보정이 발생할 수 있습니다(△의 예). 물론 표현 방향에 따라 그런 부분이 문제가 되지 않거나, 오히려 개성이 되는 경우도 있습니다. 하지만 게임적인 표현을 추구할 경우, 그런 효과를 의도하고 쓰지 않는 한 대부분은 다소 어색한 느낌을 줄 수 있습니다.

이 파트에서는 Adobe 포토샵, Animate, AfterEffects를 활용해 픽셀 퍼펙트한 애니메이션을 만들기 위한 환경 설정과 기법을 함께 설명하겠습니다.

픽셀이 어긋나지 않은 상태　　　　움직이면 픽셀이 어긋나 버린다

저는 평소 작업할 때 포토샵을 사용하고 있어서 픽셀 아트도 같은 툴로 제작하고 있습니다. 물론 픽셀 아트 전용 툴을 사용하는 것도 좋지만, 이미 익숙한 툴이 있는 사람이라면 훨씬 쉽게 시작할 수 있지 않을까요? 여기서는 먼저 포토샵에서 픽셀 아트를 그리기 편하게 만들기 위한 환경을 설정한 뒤, 픽셀 아트의 기본적인 그리는 법을 설명하겠습니다.

1 환경 정비

우선 이번에 제작할 픽셀 아트의 새 문서를 만듭니다.

메뉴 바에서 **[파일]** → **[새로 만들기]**를 선택하고, 화면 오른쪽에 있는 프리셋 세부 설정을 그림처럼 설정합니다.

스케일링 등의 처리는 나중에 이미지 내보내기 할 때에 진행하므로 여기서는 원본 도트 크기(1도트 = 1픽셀)를 기준으로 생각합니다.

도큐먼트 설정

앤티앨리어싱은 이미지 확대·축소나 선택 영역을 지정할 때 픽셀 사이를 자동으로 보정(흐림) 처리해주는 기능을 말합니다. 일반 작업 시에는 유용한 기능이지만, 픽셀 아트에서는 픽셀이 흐려지기 때문에 제작할 때는 꺼두는 것이 좋습니다.

메뉴 바에서 **[편집]** → **[환경 설정]** → **[일반]**을 선택합니다. 화면 상단에 있는 이미지 보간 방식 항목을 **[최단입점(하드 가장자리 유지)]**으로 설정합니다. **[최단입점]**은 그림을 확대하거나 축소할 때 앤티앨리어싱 효과를 적용하지 않도록 설정하는 방식입니다.

앤티앨리어싱을 무효화 한다

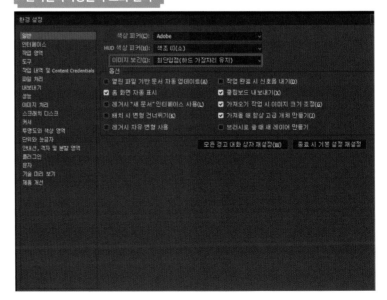

툴 바에서 타원 선택 도구나 다각형 올가미 도구를 사용할 경우 옵션 바에 있는 [앤티 앨리어스] 항목의 체크를 해제하면 선택 시 경계선에 생기는 앤티앨리어싱 효과를 끌 수 있습니다.

파일을 연 상태에서 메뉴 바에서 [창] → [정돈] → '(현재 열려 있는 파일명)의 새 창'을 선택합니다.

그러면 문서 창의 탭 그룹에 동일한 캔버스가 하나 더 표시됩니다. 다시 메뉴 바의 [창] → [정돈]에서 [2업 - 세로]를 선택합니다.

그러면 두 개의 캔버스가 하나의 창 안에 나란히 표시되며, 두 캔버스는 같은 파일을 공유하므로, 하나는 전체 화면 확인용으로, 다른 하나는 확대 작업용으로 나눠서 사용하면 매우 편리합니다.

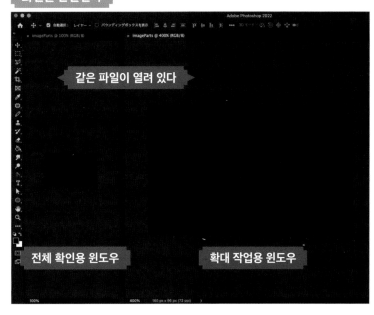

화면을 분할한다

같은 파일이 열려 있다

전체 확인용 윈도우

확대 작업용 윈도우

확대 작업용 창에는 메뉴 바의 [보기] → [그리드]를 선택하여 격자를 표시합니다. 또한 메뉴 바의 [편집] → [환경 설정] → [안내선, 격자 및 분할 영역]을 선택하여 격자 항목에서 '격자 간격: 16픽셀', '세분: 2'로 설정해 그리드의 크기를 변경할 수 있습니다.

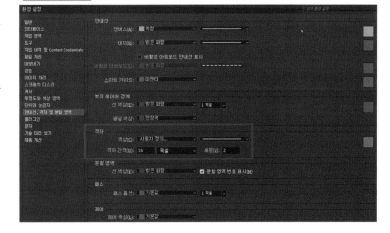

그리드 표시

그리드 표시 + 체커보드 패턴 레이어를 추가한 상태

팔레트에 대해서는, 저는 스워치 패널을 사용하지 않고 제가 직접 구성한 컬러 테이블이 있는 PSD 파일을 열어 스포이트 도구로 색을 전환하며 작업하고 있습니다.

컬러용 PSD 파일을 연 상태에서 윈도우 상단의 탭을 다른 창 하단으로 드래그하면 화면을 추가로 분할해서 표시할 수 있습니다.

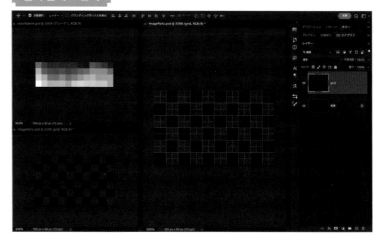

컬러 팔레트 준비

2 픽셀 아트를 찍어보자

그럼 이제 픽셀 아트를 직접 찍어봅시다. 만든 파츠는 나중에 타일처럼 배치할 것을 고려하여, 그리드 한 칸의 크기(16×16 픽셀)에 맞춰 제작합니다.

여기서는 가장 이해하기 쉬운 블록을 찍어보겠습니다.

메뉴 바에서 [레이어] → [새로 만들기] → [레이어]를 선택하여 새 레이어를 추가합니다.

툴 바에서 연필 도구를 선택하고, 브러시 크기는 1픽셀로 설정합니다.

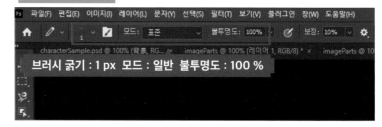

정지 화면의 파츠

브러시 굵기 : 1 px 모드 : 일반 불투명도 : 100 %

연필 도구를 사용
(브러시 도구 아이콘이
보일 경우 길게 눌러
연필 도구로 전환합니다)

[option] 키❖를 누르면 스포이트 도구로 전환되어
색상을 변경할 수 있습니다.

❖ [option] 키는 Mac 기준이며, Windows용의 경우 [Alt] 키를 써야 한다.
이후 Windows용은 괄호 안에 병기하겠다.

캔버스 안에서 그림을 그리면서 적절한 시점에 [Option] 키(Windows의 경우 [Alt] 키)를 누르면 스포이트 도구로 전환되어 별도 창으로 열어둔 컬러 테이블 캔버스에서 색을 흡수해 전환할 수 있습니다❶. 익숙해지면 레이어를 새로 추가하여 좌우 연결을 고려한 파츠❷, 가로로 큰 파츠❸ 등 다양한 파츠를 추가해보세요.

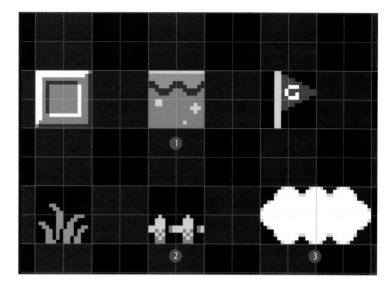

이제 캐릭터 도트를 찍어봅니다. 이번에 사용할 캐릭터의 크기는 가로 16픽셀 × 세로 24픽셀로 설정합니다. 픽셀 아트는 나무나 구름처럼 단순한 정지 오브젝트의 경우, 어느 정도 일정한 퀄리티만 확보되면 누구나 그 의미를 인식할 수 있기 때문에 비교적 표현이 쉽습니다. 하지만 캐릭터 디자인처럼 재현성이 중요한 경우, 해상도가 낮기 때문에 그만큼 표현 난이도가 높아집니다. 처음에는 단순한 실루엣의 인형이나 1등신 캐릭터처럼, 형태를 단순화하기 쉬운 디자인부터 시작해보는 것이 좋습니다.

이번에는 '옆으로 서 있기', '점프', '만세'의 세 가지 포즈를 준비합니다.

캐릭터 픽셀 아트 그리기

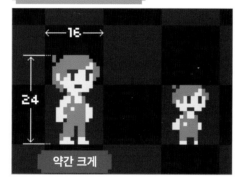

약간 크게

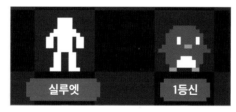

실루엣 1등신

옆으로 서 있기 점프 만세

옆모습으로 서 있는 포즈를 바탕으로, 좌우로 걷는 애니메이션을 만들어봅시다. 애니메이션의 프레임 수는 이번에는 4프레임으로 설정합니다. 최소한 필요한 동작은 다음과 같이 구성할 수 있습니다.

1: 서 있는 자세

→ 2: 오른발을 앞으로, 왼발을 뒤로 내딛는 자세

→ 3: 다시 서 있는 자세

→ 4: 오른발을 뒤로, 왼발을 앞으로 내딛는 자세

애니메이션 자체는 4컷이지만, '서 있는' 컷은 반복해서 사용해도 괜찮습니다. 나중에 수정할 것을 염두에 두고 1프레임마다 레이어를 하나씩 추가하여 그리드 한 칸 안에 들어가도록 캐릭터의 픽셀 아트를 그려갑니다. 레이어 이름에는 번호를 붙여 보기 쉽도록 하고, 그룹 폴더로 정리해두면 좋습니다❶.

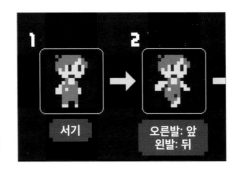

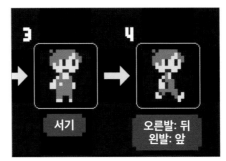

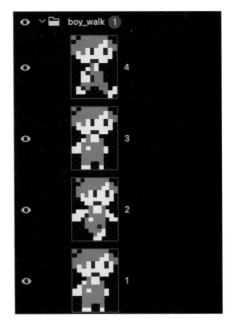

만든 애니메이션용 레이어를 타임라인에 배치해 실제로 애니메이션을 만들어봅니다. 메뉴 바에서 [창] → [타임라인]을 선택해 타임라인 패널을 엽니다. 패널 안에서 '비디오 타임라인' 버튼 옆에 있는 [프레임 애니메이션 만들기]를 선택합니다.

그러면 번호가 매겨진 프레임이 타임라인 패널 안에 표시됩니다❷. 레이어의 표시/비표시를 전환하면서 애니메이션을 만들게 되므로 각 레이어는 동일한 위치에 맞춰 정렬해두는 것이 좋습니다.

또한 각 레이어를 선택한 뒤, 레이어 패널 상단에 있는 [프레임 1 전파] 체크를 해제해둡니다❸. 이 설정을 끄면 프레임 1에서 레이어의 좌표나 위치 등을 수정했을 때 다른 프레임에도 의도치 않게 적용되는 현상을 방지할 수 있습니다.

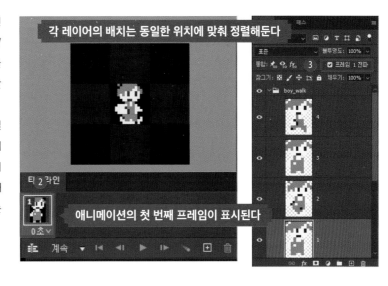

각 레이어의 배치는 동일한 위치에 맞춰 정렬해둔다

애니메이션의 첫 번째 프레임이 표시된다

첫 번째 프레임에서는 1컷째 캐릭터 레이어만 표시하고, 다른 컷의 캐릭터 레이어는 모두 비표시로 설정합니다.

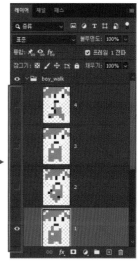

1프레임째의 캐릭터 레이어만 표시한다

타임라인 패널 하단에 있는 '선택한 프레임 복제' 버튼을 눌러 두 번째 프레임을 추가합니다. 두 번째 이후의 프레임도 마찬가지로 각 프레임 번호에 맞춰 해당하는 컷을 표시하거나 숨기며, 총 4프레임 분량의 애니메이션을 추가합니다.

2프레임째의 캐릭터 레이어만 표시한다

'선택한 프레임 복제' 버튼을 누르면 두 번째 프레임이 추가된다

4프레임 분량의 애니메이션을 모두 추가
했다면 이제 애니메이션을 재생해 봅시
다. 타임라인 패널 하단에 있는 '애니메이
션 재생' 버튼이나 [Space] 키를 누르면
애니메이션이 재생됩니다. 애니메이션 속
도가 너무 빠를 경우에는 타임라인 프레
임 아래에 있는 '0초'를 클릭해, 각 프레임
의 표시 시간을 변경할 수 있습니다. 재생
을 확인했으면 앞뒤 컷을 비교하면서 각
프레임의 픽셀 아트를 수정해 나가 봅시
다.

애니메이션을 재생하면 그대로 캔버스 안의 아트워크가 움직인다

클릭하면 프레임의
표시 시간을 변경할 수 있다

'애니메이션 재생' 버튼 또는 Space 키를 누르면 캔버스 창 안에서 애니메이션이 재생된다

같은 방식으로 '만세' 애니메이션도 만들
어 봅시다. 1프레임째의 서 있는 포즈는
기존 소재를 사용하고, 3프레임과 4프레
임은 같은 그림이므로 2프레임째의 웅크
린 포즈를 새로 그려 넣습니다.

포토샵에서 만든 픽셀 아트를 내보내기

제작한 픽셀 아트는 GIF 애니메이션이나 정지 이미지로 내보
낼 수 있습니다. 메뉴 바에서 [파일] → [내보내기] → [웹용으
로 저장(레거시)]를 선택합니다. '웹용으로 저장' 창이 열리면
오른쪽 패널 두 번째 줄에 있는 드롭다운 메뉴에서 애니메이
션은 GIF, 정지 이미지는 PNG-24를 선택합니다❶.
이미지 크기 항목 내의 '품질' 드롭다운에서 [최단입점]을 선
택하고, '퍼센트' 수치를 원하는 확대 비율로 설정해 저장합니
다. 확대 비율은 어중간한 수치로 설정하면 이미지가 깨질 수
있으므로 가급적 깔끔하게 떨어지는 숫자(예: 200%,
400%)로 설정하는 것이 좋습니다❷. 마지막으로 창 하단에
있는 '저장' 버튼을 눌러 파일을 내보냅니다.

STEP 03 : Animate에서 픽셀 아트를 움직여보자

이제부터는 Adobe Animate를 사용해 보다 복잡한 애니메이션을 만드는 방법을 설명합니다. 걷기 같은 단일 동작은 포토샵만으로도 충분하지만, 화면 안을 이동시키거나 표정이나 자세를 바꾸는 등, 만든 소재를 바탕으로 인형극처럼 움직임을 구현하고자 할 때는 Animate를 활용하면 편리합니다.

1 : PSD 파일의 사전 준비

Animate는 PSD 파일의 아트워크와 레이어 구조를 그대로 유지한 채로 불러올 수 있기 때문에 불러오기 전에 포토샵 쪽에서 레이어 구조를 정리해둡니다. 우선 타임라인 상의 프레임은 1프레임만 남기고 모두 삭제합니다. 불러올 모든 레이어를 표시 상태로 전환하고, 제작한 소재가 한눈에 들어올 수 있도록 예시 ❶을 참고하여 캔버스 내 배치 위치를 정리해 둡니다. 다음으로는 예시 ❷를 참고하여 그룹 폴더를 활용해 레이어 패널 안의 레이어들을 정돈합니다. 캐릭터의 애니메이션 레이어는 아래에서 위로 시간이 흐르는 순서대로 쌓이도록 정렬합니다.

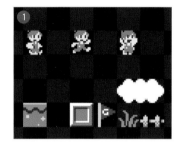
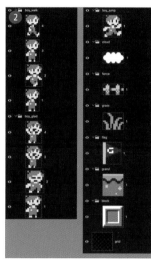

2 : PSD 파일 불러오기

이제 Animate에서 본격적인 작업을 시작합니다. 메뉴 바에서 [파일] → [새로 만들기]를 선택합니다. 새 문서 창이 열리면 예시 ❶과 같이 설정해 줍니다. 이곳에서도 영상 해상도 변경은 마지막에 진행할 예정이므로 원본 도트 크기(1도트 = 1픽셀)를 기준으로 해상도를 설정합니다.

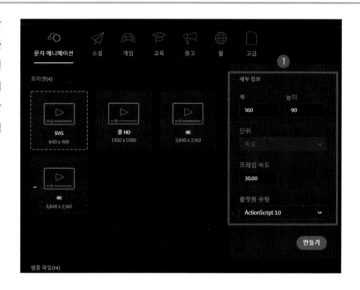

메뉴 바에서 [파일] → [가져오기] → [라이브러리로 가져오기]를 선택합니다. 가져올 PSD 파일을 선택한 후 열기를 클릭합니다. 그러면 가져오기 설정을 위한 창이 열립니다. 여기에서는 PSD 파일을 어떤 방식으로 불러올지 세부적으로 설정할 수 있습니다. 하단의 상세 옵션이 보이지 않는다면 상세 옵션 표시를 클릭합니다.

먼저 화면 왼쪽의 [모든 레이어 선택]에 체크한 다음, 그 아래의 레이어 목록 3에서 모든 그룹 폴더를 선택합니다②([command] 키를 누른 채 클릭하면 여러 그룹 폴더를 한 번에 선택할 수 있습니다).

모든 그룹 폴더를 선택한 후, 화면 오른쪽의 [동영상 클립 만들기]에 체크합니다❸. 기준점은 왼쪽 아래로 설정합니다. 그 외의 설정은 그림 예시를 참고하고, 마지막으로 가져오기 버튼을 클릭합니다.

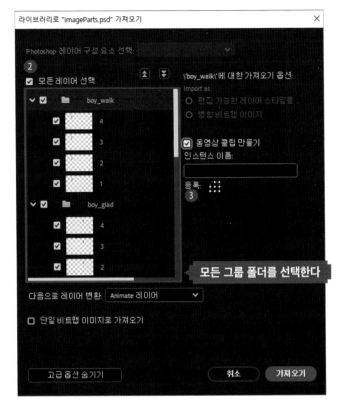

화면 오른쪽 탭에 있는 라이브러리 패널을 표시합니다. 불러온 PSD 파일은 이 안에 추가되어 있습니다.

먼저 라이브러리 패널 내에서 '사진 모양' 아이콘이 붙은 비트맵 이미지를 모두 선택합니다❹. 마우스 오른쪽 버튼을 클릭해 속성을 선택하고, 비트맵 속성을 수정합니다❺. 초기 설정 상태에서는 비트맵 이미지가 압축되어 화질이 저하되므로, 속성을 다음과 같이 변경합니다.

• [매끄럽게] 항목에 체크
• 드롭다운 메뉴: 없음 선택
• [압축] 항목에 체크
• 드롭다운 메뉴: 손실 없음(PNG/GIF)으로 설정

라이브러리 패널에 🖼 아이콘이 붙은 비트맵 소재 선택

다음으로, 라이브러리 패널 안에서 '톱니 바퀴 모양' 아이콘이 붙은 무비 클립을 모두 선택합니다❻. 마우스 오른쪽 버튼을 클릭해 [속성]을 선택하고 심볼 속성을 편집합니다❼.

무비 클립 상태에서는 작업 중 애니메이션을 확인하기 어려우므로 심볼 속성 창의 [유형] 항목에 체크한 후 드롭다운 메뉴에서 [그래픽]으로 설정해 심볼의 종류를 변경합니다.

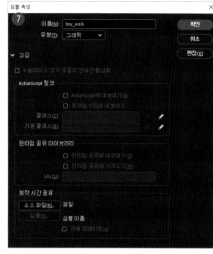

라이브러리 패널 안에 🖼 아이콘이 붙은 무비 클립을 선택한다

Animate에서도 이미지에 앤티앨리어싱이 적용되기 때문에 ActionScript 3 코드를 작성하여 이를 비활성화합니다. 우선, 화면 하단의 타임라인 패널에서 레이어_1의 첫 번째 프레임을 선택해 스크립트를 작성할 프레임을 지정합니다. 레이어 이름은 알아보기 쉽게 as로 변경해 둡니다❽.

다음으로 메뉴 바에서 [윈도우] → [액션]을 선택하여 액션 패널을 열고 아래의 코드를 입력합니다❾.

stage.quality = StageQuality.LOW;

이 설정을 적용하면 애니메이션 렌더링 품질이 저화질로 설정되어 앤티앨리어싱이 비활성화됩니다.

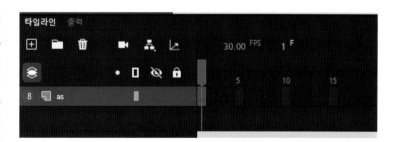

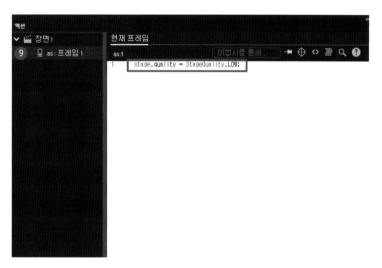

소재를 배치하기 쉽게 하기 위해 그리드를 표시해둡시다. 메뉴 바에서 [보기] → [격자] → [격자 편집]을 선택합니다. 창이 열리면 [격자 표시]에 체크하고, 격자의 크기를 가로 세로 8픽셀로 설정합니다 ❿.

스테이지의 색상도 영상 속 배경색에 맞춰 변경해둡니다. 화면 오른쪽의 속성 패널에서 문서 설정 항목에 있는 스테이지 옆의 네모 아이콘을 클릭합니다. 색상 견본이 팝업되면, 컬러 코드 입력란에 이미지 속 푸른 하늘 색인 #0000BF를 입력합니다 ⓫.

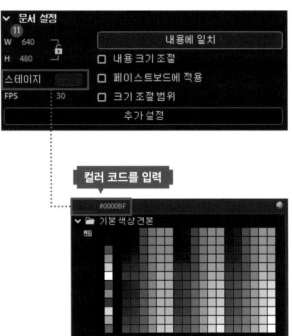

컬러 코드를 입력

격자가 표시되고 스테이지 색상이 변경된 상태

3 배경과 스테이지 만들기

기본 설정을 모두 마쳤다면 이제 제작에
들어갑니다. 타임라인 패널에서 + 아이콘
을 눌러 새 레이어를 추가합니다❶. 레이
어 이름은 backGround로 지정합니다.
backGround 레이어를 선택한 상태에서
라이브러리 패널에 있는 grand 심볼을 드
래그 앤 드롭하여 스테이지 안에 배치합
니다.

배치한 파츠는 툴 바의 선택 도구를 사용
해 위치를 조정합니다❷. 라이브러리에
있는 파츠는 드래그&드롭 외에도
[command]+[C] / [command]+[V] 키
를 사용해 복사해서 붙여넣을 수도 있습
니다(Windows의 경우 [command] 키는
[Ctrl] 키). 또한, 화면 우측 상단의 확대
비율 설정 ❸을 통해 스테이지의 표시 배
율을 높이면 작업하기가 더 수월해집니
다.
스테이지 완성 예시를 참고하면서 그리드
에 맞춰 파츠들을 배치해 나갑시다.

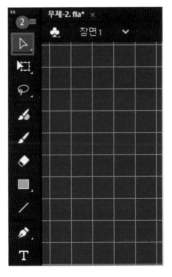

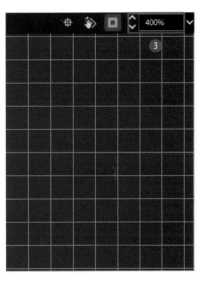

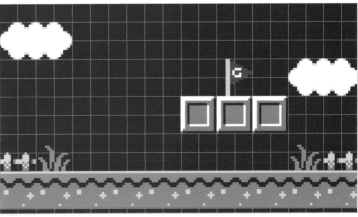

다음은 캐릭터를 추가하는 단계입니다. 새 레이어를 추가하고 레이어 이름은 boy 로 지정합니다. 라이브러리 패널에서 boy_walk 심볼을 스테이지 안으로 드래그&드롭해 배치합니다. 배치한 심볼을 더블 클릭하면 해당 심볼 안의 타임라인 편집 화면으로 들어갈 수 있습니다.

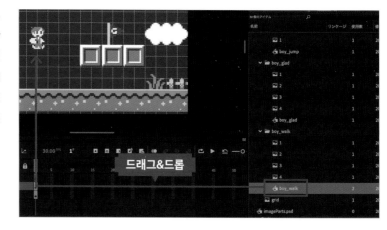

화면 상단에 있는 ❶에서 현재 boy_walk 심볼 안에 있는지 확인합니다. 스테이지 위에 있는 비트맵을 모두 선택한 다음, 선택된 비트맵 위에서 마우스 오른쪽 버튼을 클릭하고 키프레임에 분배를 선택합니다.

그러면 레이어에 나란히 배치되어 있던 비트맵이 키프레임으로 자동 분배됩니다 ❷.

[Return] 키(Windows는 [Enter] 키)를 누르면 심볼 안의 타임라인 애니메이션을 재생할 수 있습니다. 이 상태에서는 재생 속도가 다소 빠르므로 애니메이션 속도를 조정해 줍니다.

타임라인에서 프레임 1부터 4까지 전체를 선택한 뒤, 오른쪽 끝을 드래그하여 프레임 구간을 늘릴 수 있습니다. 이번에는 16 프레임까지 확장해 봅시다.

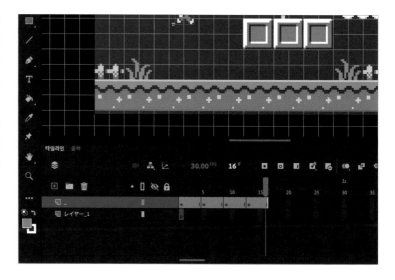

스테이지에 배치하는 것은 아직이지만 boy_grad 심볼도 같은 방식으로 미리 편집해 둡시다.

라이브러리 패널에서 boy_grad 심볼을 더블 클릭하면 boy_grad 심볼 안의 타임라인으로 이동합니다. 스테이지 위에 있는 비트맵을 모두 선택한 후, 비트맵 위에서 마우스 오른쪽 버튼을 클릭해 키프레임에 분배를 선택합니다. 분배된 프레임들을 선택하고, 오른쪽 끝을 드래그하여 프레임 스팬을 16프레임까지 늘려줍니다.

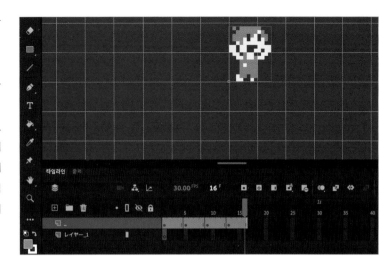

메인 타임라인으로 돌아가 심볼에 움직임을 추가합니다. 먼저 boy_walk 심볼을 그림의 시작 위치에 배치하고, 오른쪽으로 한 블록 이동하는 애니메이션을 만들겠습니다. 그림의 시작 위치에 boy_walk 심볼을 배치한 후, 타임라인 패널에서 boy 레이어의 프레임을 선택하고, 마우스 오른쪽 버튼을 눌러 모션 트윈 만들기를 선택합니다. 프레임이 노란색으로 바뀌고, 타임라인이 자동으로 확장됩니다❸. backGround 레이어도 같은 위치까지 프레임을 확장하기 위해 프레임을 선택하고 마우스 오른쪽 클릭해 프레임 삽입을 선택합니다.

boy 레이어의 마지막 프레임인 30프레임을 선택하고 마우스 오른쪽 버튼을 눌러 키프레임 삽입 → 위치를 선택합니다. 30프레임에 검은 점❹이 생긴 것을 확인한 후, 이동 도구를 사용해 스테이지 위에 있는 character_walk 심볼을 오른쪽으로 한 블록(16px) 이동시킵니다❺. [Return] 키 (Windows는 [Enter] 키)를 눌러 타임라인을 재생해 봅니다. character_walk 심볼이 30프레임 동안 부드럽게 오른쪽으로 이동하는 것이 확인됩니다. 이처럼 모션 트윈은 시작점과 끝점 사이의 움직임을 자동으로 보간해줍니다.

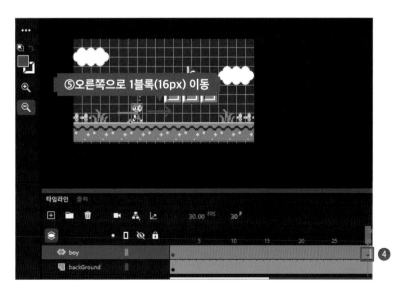

⑤오른쪽으로 1블록(16px) 이동

다음은 캐릭터가 공중에 떠 있는 블록 위로 점프하도록 설정해봅시다. 먼저 backGround 레이어의 프레임을 90프레임까지 확장합니다. 그다음 boy 레이어의 30프레임을 선택하고 마우스 오른쪽 버튼을 눌러 프레임 삽입을 선택해 프레임을 한 칸 추가합니다. 31프레임을 선택한 뒤 마우스 오른쪽 버튼을 눌러 [모션 분할]을 선택하면 모션 트윈이 분할됩니다. 31프레임에 세로선과 함께 큰 검은 점이 생기면서 프레임이 나뉘게 됩니다.

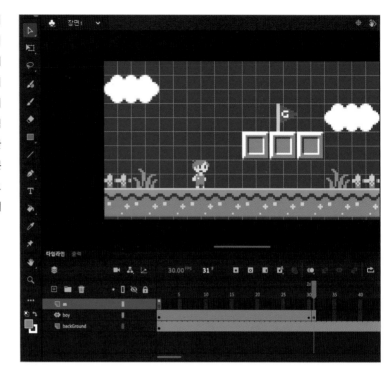

31프레임을 선택한 상태에서 스테이지 위에 있는 character_walk 심볼을 선택하고 마우스 오른쪽 버튼을 눌러 [심볼 교체]를 선택합니다. 창이 열리면 라이브러리가 표시되며 한 단계 위의 폴더에 있는 boy_ jump 심볼을 선택하고 [확인]을 눌러 교체합니다.

캐릭터 심볼의 그림이 character_jump의 그림으로 바뀐 것을 확인했으면 타임라인을 확장해 움직임을 추가해봅시다. 타임라인에서 60프레임을 선택하고 마우스 오른쪽 버튼을 눌러 키프레임 삽입 → 위치를 선택합니다. 타임라인이 확장되며 검은 점(키프레임)이 추가됩니다. 60프레임을 선택한 상태에서 이동 도구를 사용해 스테이지 위의 character_jump 심볼을 도식에 나온 위치까지 이동시킵니다. 여기서 [Return] 키(Windows는 [Enter] 키)를 눌러 타임라인을 재생하면 character_jump 심볼이 직선 경로로 대각선 방향으로 이동해 블록 위로 올라가는 것이 확인됩니다. 하지만 이 상태로는 다소 부자연스러우므로 심볼의 이동 경로를 나타내는 모션 패스❻를 편집해 더욱 자연스러운 움직임으로 바꿔줍니다.

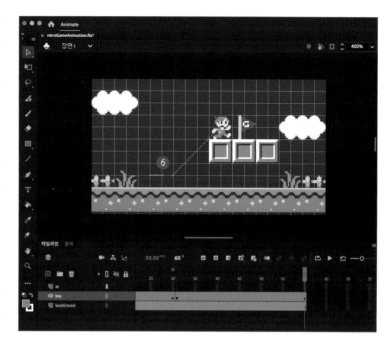

boy 레이어를 선택한 상태로 타임라인에서 30프레임에서 45프레임 사이로 이동하면 character_jump 심볼에 적용된 모션 패스가 표시된 것을 확인할 수 있습니다. 이 상태에서 툴 패널에서 이동 도구를 선택한 뒤, 마우스를 모션 패스에 가까이 가져가면 마우스 커서 모양이 ❼의 형태로 변경됩니다. 그 상태로 모션 패스를 드래그하면 선의 형태를 바꿀 수 있으므로 도식처럼 곡선 형태로 수정해 봅시다❽. 마우스 아이콘이 바뀌지 않고 이동 도구 상태 그대로일 경우, 모션 패스가 이미 선택된 상태일 수 있으며 이 경우에는 경로 전체가 그대로 움직이게 됩니다. 그럴 때는 모션 패스 바깥을 한 번 클릭해 선택을 해제한 뒤 다시 조작해 봅시다. 그 후 다시 [Return] 키(Windows는 [Enter] 키)를 눌러 타임라인을 재생하면 boy_jump 심볼이 곡선을 따라 자연스럽게 블록 위로 점프하는 모습을 확인할 수 있습니다.

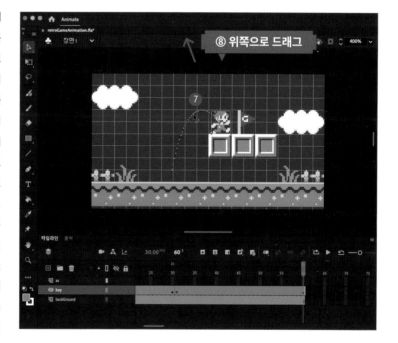

마지막은 캐릭터가 만세 포즈를 취하는 것으로 마무리해봅시다. backGround 레이어의 프레임을 90프레임까지 늘립니다. boy 레이어의 60프레임을 선택하고 마우스 오른쪽 클릭해 프레임 삽입을 선택하여 1프레임 추가합니다. 61프레임을 선택한 뒤 마우스 오른쪽 클릭, 모션 분할을 선택해 모션 트윈을 분리합니다. 61프레임을 선택한 상태에서 스테이지 위의 character_jump 심볼을 선택하고 마우스 오른쪽 클릭, 심볼 교체를 선택해 심볼을 boy_glad로 바꿔줍니다. 그림이 바뀐 것을 확인했으면 90프레임을 선택하고 마우스 오른쪽 클릭 후 프레임 삽입을 선택해 타임라인을 끝까지 확장합니다.

5 만든 애니메이션을 미리보기 해보자

완성된 애니메이션을 퍼블리시하여 확인해봅니다.

지금까지처럼 타임라인 상에서 움직임을 확인하는 것도 괜찮지만 콘텐츠의 내용에 따라 프레임 드롭이나 동작이 느려질 수 있으므로 최종적으로는 SWF 파일로 퍼블리시해서 확인하는 것을 권장합니다.

[command] + [Return] 키(Windows의 경우 [Ctrl] + [Enter] 키)를 누르면 새 창이 열리고 퍼블리시된 SWF가 실행됩니다.

이 상태로는 원본 크기의 픽셀 아트이기 때문에 너무 작아 세부 묘사를 확인하기 어렵습니다. SWF 파일의 창 크기를 키우는 방법도 있지만 이 경우 픽셀 퍼펙트 상태로 동작을 정확히 확인할 수 없습니다. 제 경우는 macOS의 손쉬운 사용(접근성) 기능을 이용해 화면 전체를 확대해 확인하고 있습니다.

Mac의 Finder에서 응용 프로그램 폴더를 열고 시스템 환경 설정을 실행합니다. 상단의 검색창에 '줌 기능'이라고 입력해서 해당 항목으로 이동합니다. 화면 오른쪽 영역에 있는 키보드 단축키 옵션에서 줌 사용에 체크하고, 줌 방식 드롭다운 메뉴를 전체 화면으로 설정합니다. 이제 항목에 표시된 단축키를 누르면 화면 전체를 확대하거나 축소할 수 있게 됩니다.

또한 [자세히…] 버튼을 클릭하면 줌 확대 배율 등 단축키 동작 시의 세부 설정도 조정할 수 있습니다. 자신이 사용하기 쉬운 방식으로 설정을 맞춰보세요.

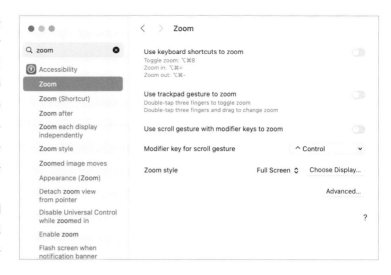

6 : 만든 애니메이션을 동영상 파일로 내보내기

먼저, AfterEffects로 데이터를 넘기기 위해 Animate에서 원본 크기 영상(SWF)을 내보냅니다. 메뉴 바에서 [파일] → [제작 설정]을 선택합니다. 창이 열리면 왼쪽 체크박스 중 [Flash(.swf)]만 선택합니다. 오른쪽 설정 항목에서는 AfterEffects에 최적화에 체크합니다. 그 외의 설정도 도식과 동일하게 맞춰줍니다. 문제없는 것을 확인했으면 [제작] 버튼을 클릭합니다. 진행 상태를 표시하는 창이 나타나고 제작이 시작됩니다. 게이지가 사라지면 확인을 눌러 창을 닫습니다.

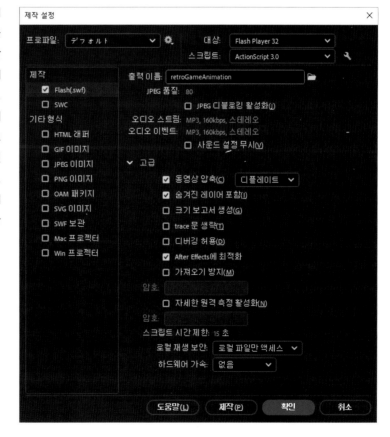

제작한 파일(SWF)은 FLA 파일을 저장한
위치와 같은 폴더에 저장됩니다.

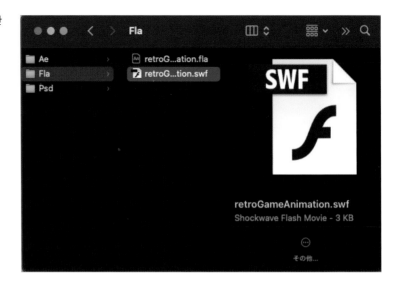

AfterEffects를 실행합니다. 메뉴 바에서
[파일] → [가져오기] → [파일]을 선택합
니다. 파일 탐색기가 열리면 방금 제작한
SWF 파일을 선택하면 됩니다. 선택한
SWF 파일은 화면 왼쪽의 프로젝트 패널
안에 불러와집니다.

다음으로, SWF를 확대해서 표시할 수 있
도록 새 컴포지션을 만들어줍니다. 메뉴
바에서 **[컴포지션] → [새 컴포지션]**을 선
택합니다. 컴포지션 설정 창이 열리면 확
대 후의 해상도를 입력합니다. 여기서는
Full HD 영상 크기인 1920×1080으로 설
정합니다. 지속 시간 항목은 영상의 길이
를 의미하므로 Animate에서 만든 애니메
이션과 같은 길이로 입력합니다(예: 3초).
컴포지션 이름은 완성된 영상의 파일명으
로 지정해줍니다. 마지막으로 확인(OK)을
눌러 설정을 완료합니다.

프로젝트 패널 안에 방금 만든 컴포지션이 추가됩니다. 추가된 컴포지션은 자동으로 열린 상태이므로 그대로 프로젝트 패널에서 시퀀스를 아래쪽 타임라인 패널의 왼쪽 영역으로 드래그&드롭합니다. 그러면 컴포지션의 중앙 화면에 SWF가 배치됩니다.

이 상태로는 너무 작기 때문에 크기를 키워줍니다. 타임라인의 레이어에서 시퀀스 이름 옆에 있는 화살표 버튼을 클릭한 후 변형 항목 옆에 있는 화살표 버튼도 클릭합니다. 변형 항목 안의 비율 값을 수정합니다. 이번에는 원본 영상 해상도를 12배로 확대해야 원하는 출력 해상도가 되므로 가로 세로 모두 1200%로 설정합니다.

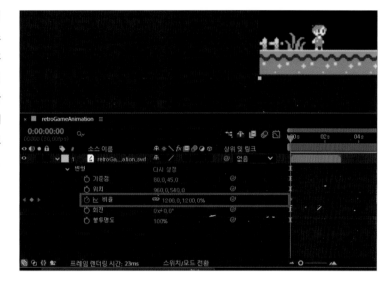

이미지가 확대되어 컴포지션의 크기에 딱 맞게 조정됩니다. 하지만 이 상태에서는 영상에 앤티앨리어싱이 적용된 상태이므로 컴포지션 패널 안에 있는 시퀀스를 마우스 오른쪽 클릭해 화질 → 드래프트를 선택합니다. 이 설정을 통해 앤티앨리어싱 효과가 제거됩니다.

마지막으로 AfterEffects에서는 SWF의 스테이지 색상이 반영되지 않기 때문에 스테이지 색상과 같은 색상의 단색 레이어(평면 레이어)를 SWF 아래에 깔아줍니다. 메뉴 바에서 [레이어] → [새로 만들기] → [단색]을 선택합니다. 단색 설정 창이 열리면 색상 항목을 SWF의 스테이지 색상인 #0000BF로 설정하고 [확인]을 누릅니다.

타임라인 패널에서 단색 레이어가 가장 아래에 오도록 드래그하여 레이어 순서를 조정합니다❶. 오른쪽 그림과 같이 이미지에 문제가 없는 것을 확인했으면 미리 보기 패널의 재생 버튼을 눌러 영상이 정상적으로 재생되는지 확인합니다❷.

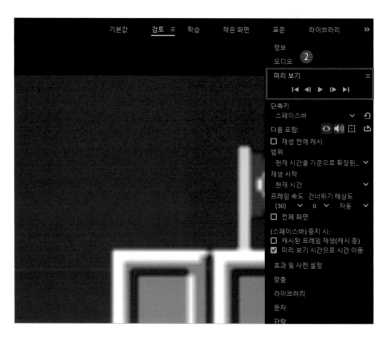

마지막으로 영상 파일로 내보내기 해봅시다. 프로젝트 패널에서 컴포지션을 선택한 상태에서 메뉴 바에서 [파일] → [내보내기] → [Adobe Media Encoder 대기열에 추가]를 선택합니다. 그러면 Adobe Media Encoder가 자동으로 실행됩니다. 작업 공간이 열리고 잠시 후 화면 오른쪽의 대기열 패널에 내보낼 컴포지션이 추가됩니다. 각 항목 옆 화살표로 표시한 v 버튼을 클릭해 원하는 영상 형식과 사전 설정을 지정합니다❸❹. 이번에는 형식: H.264, 사전 설정: 소스 일치 - 높은 비트 전송률로 설정하여 파일 용량은 가볍고 SNS 업로드에도 적합한 형식으로 내보냅니다. 출력 파일 항목을 클릭해 저장 위치를 지정하고❺ 마지막으로 오른쪽 위의 ▶ 아이콘인 대기열 시작 버튼을 누릅니다❻. 화면 하단의 인코딩 패널에서 진행 상황이 표시됩니다. 인코딩이 완료되면 대기열 패널 안의 상태가 완료됨으로 바뀌며, 영상 내보내기가 끝납니다. 이제 출력된 파일을 열어 영상이 제대로 내보내졌는지 확인해 봅시다.

수고 많았어요!

완성

픽셀 아트 실력을 올려주는
픽셀 아트 마스터 컬렉션

초판 1쇄 인쇄 2025년 05월 20일
초판 1쇄 발행 2025년 05월 26일

저자 : 니치보출판사 편집 | 번역 : 송지연 | 펴낸이 : 이동섭
책임편집 : 송정환 | 본문/표지 디자인 : 강민철
기획편집 : 이민규, 박소진 | 영업·마케팅 : 조정훈, 김려홍
e-BOOK : 홍인표, 최정수, 김은혜, 정희철, 김유빈
라이츠: 서찬웅, 서유림 | 관리 : 이윤미

㈜에이케이커뮤니케이션즈
등록 1996년 7월 9일(제302-1996-00026호)
주소 : 08513 서울특별시 금천구 디지털로 178, 1805호
TEL : 02-702-7963~5 FAX : 0303-3440-2024
홈페이지 : http://www.amusementkorea.co.kr |
원고투고 : tugo@amusementkorea.co.kr

ISBN 979-11-274-6862-0 13000

ピクセルアート上達コレクション ドット絵の表現を拡大させる アートフォーマット
PIXELART JOUTATSU COLLECTIONS DOT E NO HYOUGEN WO KAKUDAI
SASERU ART FORMAT
© JAPAN PUBLICATIONS, INC 2022
Originally published in Japan in 2022 by JAPAN PUBLICATIONS, INC, TOKYO.
Korean translation rights arranged with JAPAN PUBLICATIONS, INC, TOKYO,
through TOHAN CORPORATION, TOKYO.
Korean translation copyright © 2025 A.K Communications Inc.